# 憲法9条再入門

その理念と思想を生かすために

前田 朗

三一書房

# はしがき

9条を初めて読んだのはいつのことでしょう。

あなたはどんな感想を持ったでしょうか。

世界史上特筆すべき平和主義の理念を徹底した9条と憲法前文——予断ぬきに初めて9条を読んだ多くの市民は、平和主義の理念の深さと射程の広さに感銘を受けたのではないでしょうか。国家のみならず、個人としても、武力や争いによるのではなく、対話と説得によって物事を解決しようとする精神を鍛えることができたのではないでしょうか。平和の羅針盤であり、人生の羅針盤となってきたのではないでしょうか。

本書が「再入門」と掲げた第一の意味は、9条とともに現代を生きてきた市民の多くに、もう一度フレッシュな気持ちで9条に向き合ってほしいからです。

9条は平和を希求する多くの市民に支持されました。平和を愛する諸国民に歓迎されました。ところが、猛烈に非難する勢力もいました。「押しつけ憲法論」や、「現実無視の理想論」や、さまざまな言いがかりが七〇年にわたって続いています。歴代自民党政権は9条を嫌い、改憲のためにさまざまな画策を続け、「解釈改憲」という手法で9条を骨抜きにしようとしてきました。

政権政党にこれほど憎まれ、踏みつけにされた憲法は、世界のどこを探してもないでしょう。

「再入門」の第二の意味は、これとはややベクトルが異なります。９条を手放しで持ち上げて良いのだろうか。９条を含めて日本国憲法には、光だけでなく「影」の部分もあるのではないかという問題意識です。「沖縄抜きの憲法」であり、「植民地主義への反省抜きの憲法」ではないかという問いに耳を傾けたいからです。

「再入門」の第三の意味は、「９条を守る」とはどういう意味か、再考することです。

今、平和憲法は危機に立たされています。明文改憲を唱える勢力がかつてないほど大きな力を有しています。これまで以上に「９条を守れ」と唱えなければなりません。

しかし、「９条を守れ」が、明文改憲阻止の意味だけになっていないでしょうか。

もともと、「９条を守れ」は「９条に書いてある通りにしろ」という意味だったはずです。戦争を放棄し、陸海空軍を保持せず、交戦権を持たない平和国家・日本を創り出すことだったはずです。

「９条を守る」「９条を活かす」「９条を使う」――多様な表現がみられるように、９条の理念と思想を現実世界の中で活用するために、もっと工夫することが私たちの主要課題のはずです。

リフレッシュ９条――ここからもう一度歩み出してみませんか。

# もくじ

# 第1章　9条の現点

## 第一節　自衛隊加憲論批判

まず9条が現在置かれている状況を見ておきましょう。憲法制定から七〇年以上の歳月が経過しました。憲法は一度も手を加えられることなく、9条も一字一句変わっていません。しかし、状況は激変しました。

### 安倍首相メッセージ

二〇二〇年の現在、まず検証しなければならないのは自衛隊加憲論です。

自衛隊加憲論が登場したのは二〇一七年五月三日、憲法改正をめざす運動団体に安倍晋三首相が自民党総裁としてビデオ・メッセージを寄せて、「9条1項、2項を残しつつ、自衛隊を明文で書き込む」と発言したことによります。安倍首相は、自衛隊は災害救助を含め日夜任務を果たしており、国民の信頼は九割を超えているのに、憲法学者や政党の中に自衛隊違憲論が存在しているのは無責任であるとして、次のように述べました。

「私は、少なくとも、私たちの世代の内に、自衛隊の存在を憲法上にしっかりと位置づけ、『自衛隊が違憲かもしれない』などの議論が生まれる余地をなくすべきである、と考えます。

もちろん、9条の平和主義の理念については、未来に向けて、しっかりと、堅持していかなければなりません。そこで、『9条1項、2項を残しつつ、自衛隊を明文で書き込む』という考え方、これは、国民的な議論に値するのだろう、と思います。」(『朝日新聞』二〇一七年五月四日)

そして、目標として「二〇二〇年を、新しい憲法が施行される年にしたい」と宣言したのです。

自民党は野党であった二〇一二年四月二七日に「日本国憲法改正草案」を発表しました。そこでは9条2項を削除して、「自衛戦力」を保持することを目指していました。

自民党が政権に返り咲くと、二〇一三年二月、安倍首相は、憲法第96条の改憲手続きにおける国会発議要件の緩和・引き下げを提案しました。改憲しやすくするための抜け道づくりです。しかし、厳しい批判に晒され、棚上げになりました。

その後の改憲論議は9条から離れて、緊急事態条項、高等教育無償化、参議院選挙合区解消の三項目に焦点が当てられました。9条改憲が難しいため、他の条項の改憲を進めつつ9条改憲の可能性を探ろうとしたのです。最終目標はあくまでも9条改憲であって、他の条項は取引材料として位置づけられたと言ってよいでしょう。

ところが安倍首相メッセージは、自民党の正式案とは異なり、9条1項、2項を残して自衛隊を書き込むものでしたから、大きな反響を呼びました。自民党内で自衛隊加憲に向けた動きが始まりました。

## 自民党内論議

二〇一七年六月、自民党憲法改正推進本部は、安倍首相メッセージを受けて審議を開始し、二〇一八年三月、「自衛隊明記案」をまとめました。

「9条の2　我が国の平和と独立を守り、国及び国民の安全を保つために必要最小限度の実力組織として、法律の定めるところにより、内閣の首長たる内閣総理大臣を最高の指揮監督者とする自衛隊を保持する。

2　自衛隊の行動は、法律の定めるところにより、国会の承認その他の統制に服する。」

その後、代替案として「条文イメージ（たたき台素案）」が作成され、自民党憲法改正推進本部執行部の案となりました。次のように一部修正されています。

「9条の2　前条の規定は、我が国の平和と独立を守り、国及び国民の安全を保つために必要な自衛の措置をとることを妨げず、そのための実力組織として、法律の定めるところにより、内閣の首長たる内閣総理大臣を最高の指揮監督者とする自衛隊を保持する。

2　自衛隊の行動は、法律の定めるところにより、国会の承認その他の統制に服する。」

「必要最小限度の実力組織」の部分が「必要な自衛の措置をとることを妨げず、そのための実力組織」に修正され、他は変更がありません。

二〇一二年の「日本国憲法改正草案」と比較すると驚きの方向転換ですが、自民党内からは石破茂らごく一部が疑問を表明しただけです。安倍首相メッセージによって党内の流れが変わり、自衛隊加憲論が公式見解になったように見えます。

それまでにまったく議論がなかったわけではありません。一般に、公明党改憲案及び伊藤哲夫改憲案の存在が指摘されています。

第一に、公明党は以前から自衛隊加憲論を唱え、「二〇〇六年公明党検討項目」という党大会運動方針において、自衛力論を採用しました。安倍首相は公明党案に触発されたと言われます。改憲を実現するには公明党の協力が必要ですから、公明党が呑みやすい案を考えたのでしょう。

第二に、日本会議常任理事らによる段階改憲論としての伊藤哲夫改憲案は、自衛戦力論を射程に、自衛隊加憲論を打ち出しました。

安倍首相と自民党はこうした流れも視野に入れて、自衛隊加憲論を提起しているようです。

自衛隊加憲論の検証

『近代立憲主義と現代国家』、『自由と国家』、『憲法と国家』の著者・樋口陽一の著書『リベラル・デモクラシーの現在』は、「加憲」の法的効果として、第一に9条（上位規範）と自衛隊法等の法律（下位規範）の「タテの関係」について、「違憲主張を不可能にするため法律段階の規範内容を憲法段階に格上げする対抗措置を実現する、最初の例を作ることになります」と、その奇妙さを指摘しています。

第二に憲法（現行9条）と憲法（加えられる自衛隊条項）の「ヨコの関係」について「後法が前法を破る」という常識的ルールが当てはまるので、「現状を憲法の文言に書くだけだから心配はいらない、という説明が今ふうに言えば端的に『フェイク』な言説であることは明らかでしょう」と述べています。

浦田一郎の『自衛隊加憲論の展開と構造』は、安倍首相メッセージ以後の自衛隊加憲論の展開を詳細に追跡して、改憲史全体の中に位置づけ、その理論構造を分析します。浦田はこれまで『現代の平和主義と立憲主義』、『立憲主義と市民』、『自衛力論の論理と歴史』、『集団的自衛権限定容認とは何か』など一連の研究書で緻密で手堅い研究を積み上げてきた憲法学者です。

浦田によると、自衛隊加憲論の系譜は、①二〇〇六年公明党検討項目、②二〇一七年安倍首相メッセージ、③二〇一八年自民党憲法改正推進本部「自衛隊明記案」、④同「条文イメージ（たたき台素案）」であり、形式的には「条文イメージ」が自民党案となっているものの、実質的に重要なのは「自衛隊明記案」だと言います。

改憲方式についてみると、公明党案はアメリカ憲法のような増補方式を重視しますが、自民党は既存の条文を修正する溶け込み方式を前提とします。実現可能性を重視すると、必要最小限度規定を盛り込む案が有力化する可能性があります。

自衛隊の指揮監督規定については、浦田によると、自衛隊法第七条を元にして「内閣の首長たる内閣総理大臣を最高の指揮監督者とする自衛隊」としたようですが、指揮監督権規定はどの個別行政組織法にも例がないので、軍事的性格が顕著になっています。

自衛隊加憲論の内容となると想定される自衛力論について、浦田によると、一九五四年に成立した自衛力論のカギになるのは「国の存立」論です。抽象的な「国の存立」概念は武力行使の根拠と限界を示す役割を果たせないので、段階改憲構想に繋がり、「極限的に自衛力論の内容が自衛戦力論になる」論理的可能性があります。9条1項、2項を残すことと齟齬が生じ、2項削除改憲論に道を拓くものとなるかもしれません。

安倍首相の自民党総裁任期が切れる二〇二一年九月までに、公明党等がこの自衛隊加憲論を容認する可能性はあまりないと推測されます。政治状況の変動の中で、自衛隊加憲論に固執するのではなく、2項削除改憲など段階改憲構想に移行する可能性もあります。その場合、9条改憲を先送りして、「どこでもいいからとにかく初めての憲法改正を実現した首相になりたい」という安倍首相の野望が先に立つかもしれません。

自衛隊加憲論の詳細を徹底分析した浦田の結論は次の通りです。

「アメリカ政府がアメリカの世界戦略のため日本の基地だけではなく、自衛隊ももっと積極的に使うことを求め、日本政府がそれに応えようとしている。この問題の一部として自衛隊加憲論がある。したがって与党・自民党としては、軍事力の全面解放を可能とする自衛戦力論を規定する二〇一二年改憲案を下ろすことはできない。そのため自衛隊加憲論は二〇一二年改憲案の実現手段として複数段階改憲構想のなかに位置づけられたのであり、その代替手段にはならない。すなわち自衛隊加憲論は日米の軍事・政治関係という対外的関係を基礎に持っているにもかかわらず、『災害救助』などによる自衛隊の正当化という対内的関係の問題として表向き出された。この実態と説明のあいだにある齟齬は、今なぜ自衛隊加憲をしなければならないのかについて、『国民の幅広い理解』を得にくくしている基本的要因になっているように思われる。」

## 自衛隊加憲論の批判

山内敏弘の『安倍改憲論のねらいと問題点』は、自衛隊加憲論、緊急事態条項論、「護憲的改憲論」など一連の論点を取り上げて検討します。山内には『平和憲法の理論』、『人権・主権・平和』、『改憲問題と立憲平和主義』等の著作があります。

山内は自衛隊加憲論を検討して、これが9条2項を空文化し集団的自衛権の全面的承認につながり、9条加憲にとどまらず最終的に2項削除に至ることを批判的に検証します。

安倍首相は「自衛隊加憲だけで、現状と何も変わらない」と強弁しますが、山内によると、自衛隊加憲が市民の生活・人権に及ぼす影響として、①徴兵制の合憲化がなされ、②軍事的徴用制への道を開くと言います。③自衛隊のための土地収容による財産権の制限も予想されます。④軍事秘密法制の強化によって通信の秘密や思想信条の自由の空洞化が起きます。⑤軍事規律の強化と軍法会議の設置の可能性が高まります。軍法会議は軍隊内の存在にとどまるわけではありません。⑥自衛隊の違憲性を問う訴訟、自衛隊海外派遣の違憲性を問う訴訟等、自衛隊関連訴訟が大幅に制約を受けます。⑦ただでさえ上限なしに膨張してきた軍事費がさらに増大し、生活保護費削減等の生存権の切り捨てが進みます。⑧軍産学複合体が強化され、学問研究の軍事利用が急速に進みます。⑨地方自治がいっそう形骸化し、国による地方統制が進行します。山内は次のようにまとめます。

「憲法に自衛隊を明記する加憲論は、以上にみてきたように9条2項を空文化し、フルスペックの集団的行使を容認して日本を海外でも戦争をする国にすると共に、国民の生活や人権にも甚大な悪影響を及ぼすことは必至だと言ってよいと思われる。」

政治学者の纐纈厚の『自衛隊加憲法論とは何か』も自衛隊加憲論の危険性を指摘します。纐纈には『侵略戦争と総力戦』、『集団的自衛権容認の深層』、『暴走する自衛隊』、『逆走する安倍政治』、『権力者たちの罠』等の著作があります。

纐纈によれば、自衛隊加憲によって9条2項が禁止する「戦力」が大手を振って登場し、自衛隊の権限強化に拍車がかかると言います。文民統制が形骸化し、自衛隊が事実上のアメリカの「植民地軍」になりかねません。

纐纈は「護憲で護れてきたものと、護れなかったものを十分に吟味しながら、これからの護憲運動を一層深めて行くことが求められていると思います。具体的には、自衛隊組織を一部国際レスキュー部隊や海保などへの編成替え（シフト論）、日米安保条約を日米友好平和条約に転換（切り替え論）など、具体的な政策を提案しながら、安倍改憲論に対抗していくべきではないか」と言います。

## 第二節　平和の憲法政策に学ぶ

### 9条の「規範力」を

9条の理念と現実政治の落差はとてつもなく大きくなりました。9条があるにもかかわらず自衛隊が創設され、世界有数の軍事力に肥大化しました。安倍政権の下で集団的自衛権を容認し、自衛隊はいつでもどこでも出かけていく勢いです。イラク特措法のような法律を制定して自衛隊を強引に海外派兵してきたのが、今や「調査」の名目で海外派兵する有様です。ほとんど歯止めがありません。

とはいえ9条の「規範力」がまったく喪失したわけではありません。9条の解釈をめぐる対抗は今も続いています。

水島朝穂『平和の憲法政策論』は、9条の理念を活かし、その「規範力」を発揮させるための試みとして重要です。

水島には、『現代軍事法制の研究――脱軍事化への道程』、『武力なき平和――日本国憲法の構想力』という専門書に加えて、『戦争とたたかう』、『同時代への直言』、『ライブ講義徹底分析！

集団的自衛権』、『きみはサンダーバードを知っているか』、『はじめての憲法教室』『一八歳からはじめる憲法』等の膨大な著作があります。

水島は「ポスト冷戦期の『安全保障環境』の変化と憲法」を検討します（第一～二章）。安全保障と憲法・憲法学の在り方について、「腰をすえた議論のために」、冷戦終結と九・一一以後の状況に対応した安全保障観の変化を論じ、その主体と客体、方式を一瞥した上で、日本国憲法の安全保障のデザインを素描し、「制御安全」ではなく「本質安全」保障のモデルを模索します。

続いて「自衛隊の平和憲法的解編構想」が必要だとし、冷戦型軍隊である自衛隊の解散、災害救援組織への転換――平和憲法的解編の条件と基本方向を提示し、「自衛隊解編のためのガイドライン」を提案します（第三章）。

自衛隊の平和憲法的「解編」に向けて「平和政策への視座転換」が求められます。平和主義に適合的な安全保障政策、平和政策を、自衛隊をめぐる環境変化の下で論じます（第四章）。

他方、水島は東日本大震災における自衛隊の活動を点検し、「史上最大の災害派遣」の意義を振り返り、被災地で果たした積極的役割をもとに、どこが評価でき、どこが足りなかったかを明らかにします。米軍の「トモダチ作戦」の虚偽性も検討した上で、脱原発と脱軍事化のプロセスを展望します（第五章）。

周辺諸国とトラブルを抱えたままの日本の実情を踏まえて、水島は外交国会中心主義を実現し、自治体外交を展開し、新しい連帯を創出する憲法政策論を提示します。

自衛隊は現代化、海外派兵化を遂げつつも、同時に災害救助にも力を入れてきました。後者の比重を充実して、実質的に非軍隊化する課題は今も同じです。災害救助もしていることを口実に軍隊化を進めるのではなく、真の（国際）災害救助組織に転換した方が社会のためになります。

平和原則を基軸に平和、人権、環境を重視した平和政策論を具体的に展開する視座が確立しているので、水島にはブレがありません。自衛隊や米軍の方針、装備、行動を徹底的に分析する方法も他の憲法学者の追随を許しません。理念を忘れ、曖昧にする憲法学が目立ち始めていますが、水島は理念を掲げつつ、現実に立ち向かいます。事実を徹底的に把握しつくし、理念と照らし合わせ検証します。これほどブレない憲法学者も珍しいのではないかと思います。射程がもっとも広く遠いのに、足元の現実にこだわる方法論のためでしょうか。

## 「人権のための戦争」批判

水島は「人権のための戦争」と「戦争の民営化」について考察を加えます。

「平和と人権」を考えるに当たり、平和学の泰斗ガルトゥングの平和理論と人道的介入論は逸することができません。平和と人権を「逆ネジ的に利用した『人道的介入』」を批判するため、ガルトゥングの平和理論に立ち返り、非暴力的で創造的な紛争解決の方策を提示します。具体的素材としてソマリアと旧ユーゴの事例を取り上げ、人道的介入の論理と形態を分析し、人道的介入肯定論を批判します（第六章）。

「人間と平和の法を考える」では、二一世紀における戦争の変容（「新しい」戦争、人道的介入、保護する責任、戦争の民営化）を踏まえ、平和的生存権と人間の安全保障について論じます（第七章）。スペイン国際人権法協会が提起して展開された平和への権利キャンペーンにより、国連人権理事会で平和への権利の議論がなされたことにも言及します。

続いて「国家の軍事機能の『民営化』と民間軍事会社」で、二一世紀の戦争に顕著な民間軍事会社問題を取り上げ、その背景と要因を分析し、軍事機能の民営化への法的アプローチを論じます（第八章）。

戦争の民営化と民間軍事会社の問題について、憲法学者による分析はあまり見られないようです。日本国憲法には何も書いていないからです。水島はこのテーマを積極的に議論します。平和の憲法政策論として無視できない問題だからです。水島は二〇〇〇年代前半にアフガニスタン国際戦犯民衆法廷という民衆法廷の判事を勤めましたが、この頃すでに米軍の民営化問題が浮上していました（前田朗『民衆法廷入門』参照）。それがイラク戦争で全面化しました。自衛隊内でも民営化の研究が進んでいると言います。

水島が平和への権利宣言について言及していたのは知りませんでした。同書第七章は二〇一二年の論文なので、人権理事会諮問委員会草案が出る前のものですが、笹本潤・前田朗編『平和への権利を世界に』等をもとに当時の状況に言及しています。二〇一六年一二月に国連総会で平和への権利宣言が採択されました（本書第5章参照）。

水島は日本型軍事・緊急事態法制の展開と憲法に正面から論究します。憲法破壊の軍事・緊急事態法制への批判を長年にわたって継続してきました。これだけ長期にわたる理論闘争は大変な熱意と力量なしにはできません。他の憲法学者も多大な努力を傾けてきましたが、牽引者としての水島の役割は言うまでもありません。

「テロ対策特別措置法」では、「ショー・ザ・フラッグ」のもとで提出された「偽称・ザ・フラッグ」のテロ対策特措法への内容（支援対象の拡大、武器使用の拡大）を、グローバル安保への道として厳しく批判します（第九章）。

他方、「ソマリア『海賊』問題と海賊対処法」では、二〇〇九年四月の衆議院特別委員会での参考人意見陳述を基に、海賊対処法の問題点を検討します（第一〇章）。

日本型軍事法制の変容を解明するため、日本国憲法の下での軍事法制の変遷をあらためてたどります。警察予備隊から自衛隊へ、ポスト冷戦期における再編、そして本格的な「国防」省庁への道、自衛隊海外出動の本来任務化を点検します（第一一章）。

9条、自衛隊、日米安保をめぐる日本政府の解釈（解釈改憲）は、自衛隊創設、海外派遣、そして集団的自衛権に至るまで、それが法解釈の名に値するのかが一番の問題です。政府解釈が既成事実となってきたため、政府解釈の枠を逸脱していないかの検証も必要となります。

## グローバル安保批判

水島は「日米安保体制のグローバル展開」に視野を広げます。

「日米安保体制の transformation と軍事法の変質」では、世界的規模での米軍再編に自衛隊が組みこまれていく過程を分析し、防衛省発足をはじめとする軍事法制の変質を検証します。防衛同盟から介入同盟への転換、海外権益保護型への転換、それゆえ海外派遣型自衛隊の創出を確認しつつ、自衛隊解編への道筋を探ります（第一六～第一七章）。

そして「『日米同盟』と地域的集団安全保障」では、国連と日米同盟の関係を問い、地域的集団安全保障と憲法の立場を読み解き、北東アジアの協調的安全保障を模索します（第一八章）。

グローバリゼーションが資本、情報、軍事のグローバル化を急速に進展させ、米軍再編と自衛隊再編が急速に進行しました。二一世紀の日米同盟なるものが喧伝され、「同盟」思考が政権のみならず、メディアや一般市民にも浸透しました。憲法違反の軍事化がどんどん進行します。水島はそうした事態を冷静に追いかけ、そこに胚胎する矛盾を的確に診断します。自衛隊装備の現代化や、活動範囲の拡大が自衛隊自身にさまざまな矛盾を引き起こしていることが浮き彫りになります。憲法との矛盾や市民意識との矛盾、そして自衛隊内部の矛盾――これらが自衛隊解編の手掛かりになります。

9条の現点を考えるとき、一方で集団的自衛権容認や自衛隊加憲論のような壊憲の実態を批判的に検証し、その作業を通じて9条の歴史的意義を磨き直す姿勢が重要であることがわかります。

## 平和憲法学の現点

9条の理念を活用して戦争反対と、平和の政策づくりに力を注いできたのは水島だけではありません。全国各地の9条の会をはじめとする市民運動の9条擁護、改憲反対の運動現場で数多くの憲法学者が活躍してきました。

清水雅彦は自衛隊加憲論を戦後の改憲論の歴史の中に位置づけ、「公明党だけでなく、他の野党、さらには護憲派にゆさぶりをかけてでも改憲を目指している点で、手強い改憲論ともいえます」とする一方で、「従来の改憲論からすれば後退しているといえます。これまでの平和運動と国民の平和意識がそうさせたといえますし、平和運動の成果といえるでしょう」と論定しています。また、自衛隊加憲が実現すれば、自衛隊「実力」論（戦力ではない）、専守防衛、海外派兵禁止といった「これまでの歯止めがなくなります」とし、「9条の下で否定されてきた『軍事公共性』が政府によって唱えられる可能性もあります」と指摘します。

青井未帆は「全体として見たときに、根っこの部分にある、9条によって軍に関する規定をなくしてしまうという試みが、いろいろな形で日本の法制度に作用し、法の仕組みにしても、また憲法文化的な側面にも、影響を及ぼしてきた」ことを「9条のプロジェクト」と呼びます。このパラダイムと自衛隊加憲論とは根本的に衝突します。「書き込むだけでなにも変わらない」とか、「政府解釈を一ミリも動かさない」というのは無理な話だと言います。自衛隊をわざわざ明記するのは、他の行政機関とは異なる特性ゆえですから、軍事的なものを憲法に持ち込み、統治機構全体に影響を及ぼすことになります。「発想が一八〇度転換」することになり、「その先にさらなる改正が予定されるもの」です。青井は、「その先の青写真なく自衛隊を憲法上の機関とする提案をするのは、目隠しをさせたまま重大な判断について国民に白紙委任を求めるに等しいのであって、強く批判されるべきである」と結論付けます。

藤井正希は自衛隊加憲論を検討して、「ますます憲法の平和主義がなし崩し的に破壊されていく」とし、憲法9条2項がまったく意味をなさなくなることを懸念します。他方、山尾志桜里、伊勢崎賢治、小林節、中島岳志などが提唱する「立憲的改憲論」について、「自衛隊の固定化につながるだけであり、かえって安倍改憲に手を貸す結果にもなりかねない」と見ています。

飯島滋明は「憲法改正に限界はあるか」をめぐる議論を点検し、憲法第96条2項の「この憲法と一体をなすものとして」という表現は憲法全面改正を予定していないこと、憲法前文からすれば「国民主権」に反する「一切の憲法、法令及び詔勅」は排除されること、さらに憲法第11条及び第97条の「永久の権利」論などを踏まえて、「日本国憲法は憲法改正について一定の限界がある法的構造を有している」とします。そして9条1項と2項の規定様式、「永久にこれを放棄する」という文言等から、9条改正は憲法改正の限界を超えると判定します。最後に、「そもそも、内閣総理大臣や国会議員には『憲法尊重擁護義務』（憲法99条）があり、多くの国民の要請もないのに憲法改正を主導することこそ、『憲法尊重擁護義務』に反する行為として批判の対象とされなければならない」と言います。

清末愛砂は自衛隊加憲論について「これは他国との軍事同盟の強化を前提とする日本の安全保障政策と他国のために、自衛官を危険にさらすことを意味し、状況に応じて生命の犠牲を強いる」ものだと指摘します。

清末は憲法論だけでなく、家族法やジェンダー法学にも造詣が深いので、女性自衛官問題を切り口に現状分析もします。近年、防衛省・自衛隊は女性自衛官の増加を狙ってさまざまな取り組みをしており、自衛官広報動画や防衛白書を見ると「現在の防衛省・自衛隊は男女共同参画を最も率先して進めている官庁のひとつである」と言います。一九九三年には、看護職からすべての職域への女性の登用へと広げられ、幹部候補生学校にも女性が進出しています。そこに安倍政権の「女性の活躍推進政策との連動性」も見ることができるとし、女性自衛官の採用・増加が「ジェンダー平等社会の構築に及ぼしかねない負の影響」を測定しています。清末の結論は次の通りです。

「男らしさというのは社会のジェンダー化の過程でつくられてきた社会規範である。それを問題化し、克服しようとすることによってのみ、ジェンダー平等やジェンダー正義の道が拓かれる。したがって、軍事主義の拡大・維持のために女性の採用や登用を推進しようとする発想はむしろ男らしさの再生産や拡大をもたらし、結果的にジェンダー平等社会の構築の阻害要因になりかねないのである。それは同時に男性支配イデオロギーと密接に結びついた社会の軍事化を促進することにもつながるであろう。」

憲法前文と9条の理念はいまなお清新な輝きを保っています。9条を活かすために、憲法学も平和運動も目の前の現実を世界史的視野で見つめなおす必要があります。

〈参考文献〉

樋口陽一『リベラル・デモクラシーの現在』（岩波新書、二〇一九年）
浦田一郎『自衛隊加憲論の展開と構造』（日本評論社、二〇一九年）
山内敏弘『安倍改憲論のねらいと問題点』（日本評論社、二〇二〇年）
纐纈厚『自衛隊加憲論とは何か』（日本機関紙出版センター、二〇一九年）
水島朝穂『平和の憲法政策論』（日本評論社、二〇一七年）
笹本潤・前田朗編『平和への権利を世界に』（かもがわ出版、二〇一一年）
前田朗『民衆法廷入門』（耕文社、二〇〇七年）
清水雅彦『9条改憲四八の論点』（高文研、二〇一九年）
阪口正二郎・愛敬浩二・青井未帆編『憲法改正をよく考える』（日本評論社、二〇一八年）
憲法ネット103編『安倍改憲・壊憲総批判――憲法研究者は訴える』（八月書館、二〇一九年）
飯島滋明・前田哲男・清末愛砂・寺井一弘編著『自衛隊の変貌と平和憲法』（現代人文社、二〇一九年）
清末愛砂・石川裕一郎・飯島滋明・池田賢太編『自民党改憲案にどう向き合うか』（現代人文社、二〇一八年）

# 第2章　9条の原点

## 第一節　制定過程から見た9条

9条は戦争放棄・軍隊不保持・交戦権の否認という、他に類例のない平和主義条項です。戦争放棄憲法はイタリアやフィリピンを始め、珍しくありません。一九二八年の不戦条約もあります。軍隊不保持はコスタリカやパナマ等にもあります。戦争放棄・軍隊不保持・交戦権の否認をまとめて掲げたのは日本国憲法だけです。

憲法前文は平和的生存権を明記しています。平和的生存権は日本とブルンジだけです。平和への権利を明記した憲法はケニア等にもあります。

前文と9条をセットで理解すれば、日本国憲法は世界で最も平和主義を徹底した憲法です。それでは日本国憲法の平和主義はどのようにして成立したのでしょうか。その歴史について七〇年に及ぶ研究の蓄積があります。戦前における侵略戦争や国内における人権侵害の歴史を反省し、大日本帝国憲法から日本国憲法への飛躍的発展があり、天皇主権から国民主権への移行がなされました。

憲法制定過程の研究はそれ自体長い歴史があり、資料が公開されるたびに新たな発見があり、徐々に深められてきました。研究し尽くされたと思われていましたが、実はまだまだ解明されていないこともあります。歴史的位置づけ如何だけでも、今後の研究課題がいくつもあるほどです。

古関彰一の著書『平和憲法の深層』は制定過程の最新研究です。古関はかつて名著『日本国憲法の誕生』を世に問い、憲法制定過程論の先頭を走ってきました。他方、豊下楢彦との共著『集団的自衛権と安全保障』、『沖縄――憲法なき戦後』は従来の研究史を大きく塗り替える好著です。

「平和憲法の深層」論の特徴を一言で言うと、平和主義と戦争放棄をいちおう区別して、平和主義が日本国憲法に取り入れられた過程と、戦争放棄が取り入れられた過程のそれぞれをていねいに検討し、両者がいつ、誰によって、どのように唱えられ、日本国憲法の中に統合されたのかを解明していることです。

従来、平和主義と戦争放棄を一体のものとして把握し、それが日本国憲法にどのように登場したのかと考えてきました。しかし、古関が言うように、両者の来歴は異なります。それぞれの軌跡をきちんとトレースしないと憲法制定過程論として不十分になりかねません。

9条について周知の二大論点があります。一つは9条のアイデア発案者は誰かというもので、幣原説、マッカーサー説が知られます。もう一つは、いわゆる「芦田修正」をどう見るかです。古関は両者を検討していますが、ここで重要なのは、9条だけに止目するのではなく、東京裁判との関係で天皇の地位の帰趨と照らし合わせることです。もう一つ重要なのは沖縄の基地問題です。日本本土は9条により非武装になりましたが、沖縄は日本から「分離」され、「基地の島」

にされました。沖縄の基地化がなければ、本土の９条は不可能だったのではないか。最初から沖縄を犠牲にした９条だったのではないかが問題となります。「沖縄返還」後の本土からの基地移転も続きました。

平和主義、平和国家について、古関は森戸辰男、宮沢俊義らの議論を踏まえつつ、実は昭和天皇の「勅語」においてこの言葉が使われていたことを強調します。平和国家という言葉の含意は異なるでしょう。「平らげて和む」という意味かもしれませんが、言葉それ自体としては勅語で用いられましたし、報道を通じて「平和国家」が社会意識にしっかり存在していたと言えるのです。平和国家の実像を探る上で重要です。

## 憲法研究会と鈴木安蔵

古関がもう一つ照明を当てるのが憲法研究会と鈴木安蔵です。私は学生時代にたまたま鈴木安蔵の『憲法制定前後』を読みました。ずっと後に私自身が同じ出版社（青木書店）から六冊の本を出してもらいました。とても嬉しかったものです。鈴木安蔵をはじめとする尊敬する先達の本の出版社だからです。また、鈴木安蔵門下の金子勝（立正大学名誉教授）から何かとご指導いただきました。

憲法研究会と鈴木安蔵のことは、かつて憲法学者の中でさえ十分知られていませんでした。映画『日本の青空』（監督・大澤豊、二〇〇七年）で有名になり、憲法研究会と鈴木安蔵が果たした役割が知られるようになりました。

憲法研究会案は、天皇制（国政をせず）、国民主権、豊富な社会権規定、経済条項、さらに国民投票制等、斬新な内容を持っていました。

古関は「憲法研究会案は、時間的に政府や憲法学者に先んじて発表し、内容的にも新鮮でGHQ案に遜色なかったにもかかわらず、なぜ今日まで制定過程の文脈の中で無視され続けてきたのか」と問います。占領統治という特殊性から民間草案の位置づけが難しかったこと、憲法学者中心の権威主義的な「憲法問題研究会」への注目が上回ったことなどをあげています。

古関は一貫して制定過程研究に力を入れてきた理由を次のように語ります。

「平和憲法を今の段階で再考しようとしたのは、少なくとも、冷戦構造はすでにとっくに終わっていたが、日本ではやっと終末に近づきつつあることに気づいたためであった。憲法七〇年をどうとらえるのか、すでにさまざまな見解があるが、冷戦以前につくられた平和憲法の現実を、平和憲法の制定過程を無視し続け、冷戦後の憲法問題からのみ、つまり、国家と国家の関係からのみ、平和憲法を見てきた弊害を考えたからである。それは『近代』の向こうを考えるためでもある」。

憲法制定過程論の研究が深まり、論点も増えてきましたが、新書一冊で研究を深化させる充実した一冊です。

なお、前文と9条を含めて、日本国憲法の平和主義の世界史的意義を測定するためには、人類の平和思想の発展、不戦条約、諸国の平和憲法の比較検討が必要です。

## 第二節　戦後民主主義の再検討

　古関が指摘するように、日本国憲法には沖縄を切り捨てて日本の平和を守った側面があったことを否定できません。切り捨てられたのは沖縄だけでしょうか。植民地だった朝鮮半島こそ真っ先に切り捨てられたのではないでしょうか。戦争の悲惨な歴史を反省したことになっているのに、戦争責任や植民地支配責任が問われたと言えるでしょうか。

　この謎に迫った研究は少なくありませんが、最近の優れた研究として、田中利幸『検証「戦後民主主義」』を筆頭にあげるべきでしょう。

　歴史学者の田中利幸は、日本軍性奴隷制（「慰安婦」）問題に関する英語による研究書を早い時期に出版し、問題解決に向けて大きな前進をもたらしました。『空の戦争史』、『戦争犯罪の構造』等で、科学技術の発展が戦争形態を変え、容易に人道に対する罪が起きてしまう時代を迎えたことに警鐘を鳴らしました。ジョン・ダワーやハワード・ジンの著作を翻訳紹介するなど、幅広い視点で歴史と現在を考察してきました。広島市立大学平和研究所時代には反核、反原発、平和を求める運動をリードするとともに、二〇〇七年には「原爆投下を裁く民衆法廷」を実現にこぎ着け、二〇一二～一三年には「原発を問う民衆法廷」の判事を務めました（原発を問う民衆法廷実行委員会編『原発民衆法廷①～④』、鵜飼哲・岡野八代・田中利幸・前田朗『思想の廃墟から』）。

田中は冒頭、次のように問題設定します。

「いわゆる『慰安婦（日本軍性奴隷）』や『徴用工』の問題で日韓関係が最近ひじょうに険悪化していることからも明らかなように、戦後七四年も経つというのに、なぜ日本は『戦争責任問題』を解決できないのであろうか。この疑問について考えるためには、単に日本の『戦争責任意識の欠落』だけに視点を当てるのでは解決にはならない。日本の『戦争責任問題』は、最初から、米国の自国ならびに日本の『戦争責任』に対する姿勢と複雑に絡み合っていることを知る必要がある。さらには、その絡み合いが日本の『戦後民主主義』を深く歪め、強く性格づけてきたのであり、そうした歴史的経緯の結果として、多くの日本人の『戦争責任意識の欠落』と現在の日本政府の『戦争責任否定』があることを明確にする必要がある」。

## 戦後思想の「再審」

田中は戦争責任問題を歴史的に読み解くために、①空爆、②原爆、③平和憲法の三点に絞って切開します。戦後民主主義と平和主義に立脚した私たちの戦後思想を「再審」に付すのです。それまでの自身の見解も含めて反省し、原初に立ち返っての徹底検証です。

第一の着眼点は、日本の戦争責任とアメリカの戦争責任を単に並列させるのではなく、両者を接合してその全体構造を問うことによって、戦争責任隠蔽の構造をあぶり出すことです。アジア太平洋各地における日本軍による残虐行為の数々は、東京裁判（極東国際軍事裁判）において裁かれたように見えます。しかし、東京裁判で裁かれたのは日本の戦争犯罪の一部に過ぎませんでした。被告席に立つべき最大の責任者が不在であっただけではありません。日本軍性奴隷制をはじめとする数々の残虐行為が調査不十分のまま残されました。七三一部隊の処遇もその一つです。

米軍による無差別空爆と原爆投下も人類史に刻まれる巨大な人道に対する罪でした。田中は米軍犯罪だけを糾弾するのではなく、日本側のお粗末な「防空体制」にも目を向けます。住民を守るつもりのない日本政府が、現に無差別空爆によって住民が塗炭の苦しみにあえいでいるのに、戦争終結を適時に決断することなくいたずらに死傷者を増やしていったからです。

「かくして、戦時中、『防空体制』という欺瞞的な名称の国民支配体制で多くの国民を敵軍による空爆の犠牲者としておきながら、戦後は被害者に『戦争損害受忍論』を押しつけている日本政府の無責任は、単に自国民が受けた『被害』に対する責任を隠蔽しているだけではない。原爆被害をできるだけ利用しながら、『戦争被害日本国』というイメージを国内外に広めることで、一五年という長期にわたる戦争中にアジア太平洋各地で犯した様々な残虐行為に対する『加害責任』をも隠蔽しようとしていることを、我々はここではっきりと確認しておく必要がある。このように、『被害責任』と『加害責任』の隠蔽は、実は巧妙に絡み合わされているのであって、この政治的に組み合わされた『責任隠蔽の絡み合い』を、我々市民が解きほぐし、日本国の責任、米国の責任、そして我々市民の責任、そのそれぞれの責任を明確にしない限り、戦争責任問題に対する根本的な解決は不可能なのである。」

第二の着眼点は、「原爆神話」の二重のレトリックです。原水爆禁止日本国民会議議長を務めた社会科学者の岩松繁俊の「招爆論」を導線として、田中は原爆投下に至る歴史的経緯を洗い直します。

戦略的状況を把握できず戦争継続に固執した昭和天皇。ソ連参戦の期日を横目に原爆投下を急ぎ、戦後世界の構築における主導権を狙ったトルーマン。原爆投下やソ連参戦という最重要事項に一切言及しなかったポツダム宣言。原爆投下と「国体護持」をめぐる裏取引。それゆえの無差別大量殺戮の正当化。

「かくして、日米両国ともが、原爆衝撃効果を政治的に利用し、あたかも原爆という恐ろしい新兵器が戦争終結をもたらす決定的役割を果たしたかのように装ったのである。その結果、米国は、『招爆画策責任』と二〇万人以上に上る無差別市民大量殺戮の犯罪性と責任を隠蔽し、他方、日本側は、原爆によってもたらされた戦争終結によって、本来あるべき姿である『平和の象徴的権威』としての『国体』を取り戻し、維持していくのだという詭弁を弄することで、裕仁と日本政府の『招爆責任』と戦争責任を基本的にはうやむやにしてしまった。」

## 平和憲法と戦争責任隠蔽

田中の第三の着眼点は、「『平和憲法』に埋め込まれた『戦争責任隠蔽』の内在的矛盾」という表現で提示されます。これは驚くべきことです。

私たちは、日本国憲法はアジア太平洋戦争という侵略戦争を反省して国際協調主義と平和主義（戦争放棄、軍隊不保持）を掲げたと理解してきました。憲法前文は「政府の行為によつて再び戦争の惨禍が起ることのないやうにすることを決意し」とし、「われらは、全世界の国民が、ひとしく恐怖と欠乏から免かれ、平和のうちに生存する権利を有することを確認する」としています。田中は憲法前文及び9条の歴史的意義をもちろん高く評価していますが、同時に、昭和天皇裕仁の戦争責任隠蔽のメカニズムが働いていたことを指摘します。田中によると、従来の憲法理解では9条を取り出してその意義を語ってきましたが、9条は前文から切り離して論じるべきではありません。憲法第一章から切り離すべきでもありません。

国際協調主義と平和的生存権の前文を受けて9条が恒久平和主義を掲げたという理解には、一つの難点があります。それならば9条は第一条であるべきだったのではないか。なぜ第一章（第一条〜第八条）の天皇制の諸規定が間に割って入っているのでしょうか。

単に形式上の問題だけではありません。大日本帝国憲法では神聖不可侵、元首そして元帥とされ、実際にアジアに対する侵略戦争の主導者であった天皇が、憲法前文と9条の間に居座っているのです。

この謎を解明するために、田中は憲法制定過程を検証します。GHQとマッカーサーの主導により始まり、帝国議会で制定された憲法の制定過程をここで紹介する余裕はありません。田中の結論は次のようにまとめられます。

「かくして、憲法9条に内在する『普遍原理＝国家性・国家暴力否定』と、憲法第一章を根底から規定づけている『国家原理＝軍事暴力機構の独占』には、解き難い決定的な矛盾があることは明らかなのである。この矛盾は、再度強調しておくが、『平和憲法』が、『平和に対する罪』を犯した裕仁の免罪・免責を帳消しにするために設定されたという、度し難い矛盾に起因していることは明らかなのである。」

侵略戦争を真に反省して新憲法を制定したのであれば、天皇制を廃棄するのが自然だったのです。君主制は敗戦によって打倒されるのが世界の常識でした。その例外が天皇制となってしまったのです。

それゆえ田中の第三の着眼点は、「象徴天皇の隠された政治的影響力と『天皇人間化』を目指した闘い」となります。「戦後民主主義」は「恒久平和主義」と象徴天皇制によって引き裂かれてきました。

沖縄をアメリカに売り飛ばした天皇メッセージ。戦争を反省したようでいて、植民地支配をおよそ反省しなかった社会意識。戦争放棄と称しながら日米安保体制を構築し、世界最強の軍隊を抱える日本列島。「慰安婦」問題や徴用工問題をはじめとする戦争責任問題を解決できない日本政治。対米追随に明け暮れながら、アジアに対する蔑視を強化し、在日朝鮮人に対する差別とヘイトに励む日本社会――これらは個々別々の現象ではなく、日本国憲法が抱え込んだ矛盾が政治・経済・社会の至る所で激突し、罅割れを起こしていると見るべきです。日米安保体制と、象徴天皇制と、「恒久平和主義」という、異質の理念が相互に否定しあい、拮抗しあってきた。「戦後民主主義」は危うい位置で揺れ動いてきた。田中はこうした認識抜きの素朴な「戦後民主主義」観念を指弾します。

## 戦後民主主義の出発点

田中が問い直す「戦後民主主義」は、一方では輝かしい平和主義であり、同時に高度経済成長神話の時代でした。「戦後民主主義は虚妄だった」という批判もあり、「アメリカの影」も指摘され、「戦後民主主義の虚妄に賭ける」といった言説も飛び交いました。右からも左からも支持され、同時に右からも左からも攻撃された「戦後民主主義」は、戦後民主主義は虚妄だったと発言していられるほどに安定した戦後民主主義だったとも言えます。

問題は議論がつねに「日本」に内向していく傾向を持ったことです。日本の「戦後民主主義」が、アジア諸国・諸民族との関係でいかなる位置にあったのか。アメリカの世界戦略にいかに規定されていたのか。これらが無視されたわけではないにしても、十分に詰められたことはなかったでしょう。それゆえ田中は「戦後民主主義」を徹底的に洗い直す作業を続けます。田中は、どこに、どのように着地しようとするのでしょうか。

田中の課題は「『記憶』の日米共同謀議の打破」と命名されます。「原爆戦争終結神話」と「天皇裕仁平和主義者神話」を打ち壊し、原爆投下という人道に対する罪を暴き、適切に裁く思想をわが物とすることです。そのために引証されるのは、ドイツのホロコーストに関する記憶の継承です。田中はテオドア・アドルノのオートノミー（自律性）論を視野に収め、ケーテ・コルヴィッツの彫刻「ピエタ」やエルンスト・バルラハの彫刻「空中に浮かぶ天使」を召喚し、ドイツの「過去の克服」運動における「記憶と継承」としての追悼施設運動にたどり着きます。ノイエンガンメ旧強制収容所資料館、ヴェーベルスブルク収容所博物館、ハダマー旧精神病院追悼施設等々。

ドイツだけでなく、欧州各国においてそれぞれの「過去の克服」が進行しています。ワルシャワ・ゲットー蜂起記念碑、一九五六年ハンガリー革命歴史研究所、ブカレストのホロコースト追悼記念館等々枚挙にいとまがありません。連合国によるドレスデン空爆も「過去の克服」の対象となっています。

「ヒロシマ・長崎原爆無差別虐殺、南京虐殺、マレーシア華僑虐殺、ベトナム空爆被害者、ボスニア戦争被害者、九・一一テロ被害者など、あらゆる戦争とテロ行為における大量虐殺被害者を悼む」ことが提起されます。

田中は「文化的記憶」の日本独自の方法論を編み出していく重要性を唱えます。それは日本だけの物語を意味しません。「『記憶』そのものが、時間と場所にかかわらず存続する『普遍性』を内包していなければならない」からです。ヒロシマの原爆被害の歴史的特殊性を特殊性にとどめるのではなく、特殊性の中に普遍性を見出していく精神の働きが不可欠です。

日本にも先進的取り組みがなかったわけではありません。田中は、栗原貞子の『ヒロシマというとき』、丸木位里・俊の「原爆の図」等に言及した後、伝統芸術である能楽、特に多田富雄の新作能「原爆忌」「長崎の聖母」「沖縄残月記」等に「文化的記憶」のモデルを見出します。

## 国民主義の賞味期限

西欧における国民主義はかつて近代市民法という自由と人権の理念を生み出しました。しかし今や欧州統合という政治的現実の下、中東地域からの難民に対する排除と差別、イギリスの「E

U離脱劇」に見られるように、人間蔑視と混迷の様相を深めています。国民主義は未来を奪い取る言葉に転化しています。

アジアやアフリカにおける国民主義はかつて西欧型民主主義への憧憬と渇仰の源泉でした。しかし戦争、内戦、迫害、ジェノサイド、自然破壊という現実の下、資源紛争、宗教対立、民族対立に襲われ、イスラエルが構築した「壁」のように、生きるべき国民と死ぬべき非国民を分かつ抑圧の言葉に転化しています。日本における国民主義も同じ途上で喘いでいます。

国民主義は決して自然ではありません。人間本性にとって「外的な」もの、不自然なものなのです。私たちはいつの間にか外的な国民主義に洗脳され、骨の髄まで国民主義者になっていないでしょうか。国民主義者から人種主義者（レイシスト）への道に空間的距離はほとんどないにもかかわらず。

このことに無自覚な国民主義者はたちどころに人種主義者としての振る舞いを始めるに違いありません。9条と平和主義にも拘わらず、日本にヘイト・スピーチや排外主義が蔓延しているのは、このためではないでしょうか。古関と田中は、平和憲法にも深刻な矛盾が孕まれていたことを可視化し、これを乗り越える思想の営みを要請します。憲法破壊が極限に達している政治情勢の下で、9条とその理念を救い出すには、反戦平和運動の根底的見直しが求められているのではないでしょうか。

## 第三節　戦争犯罪論から見た9条

### 戦争犯罪論の問題意識

9条の歴史的意義を把握するには、大日本帝国が犯した侵略と戦争犯罪への反省を踏まえることが不可欠です。このことに異論はないはずですが、具体的理解は論者によってさまざまです。

アジア太平洋における侵略や戦争犯罪についての反省を十分に踏まえた議論はむしろ少なく、大日本帝国憲法の下で臣民の権利が剥奪されたことに焦点を当てる研究が目立ちます。日本人の被害を強調し、「戦争はもうこりごり」と唱える向きもありました。厭戦も重要な非戦の論理ですが、加害の歴史を見失った厭戦だけでは困ります。

9条の歴史的位置を理解するために侵略と戦争犯罪の歴史を把握する作業は、一九九〇年代に「戦後補償」「戦争責任」というテーマで深められました。

戦争犯罪論自体、まだまだこれからの研究テーマです。東京裁判をめぐる歴史研究は大いに深まっていますが、東京裁判に着目するあまり、戦争犯罪論全体を見据えた研究はまだ稀少です。9条以前の平和思想や反戦思想の水脈がどのように流れ込んだのか。9条以後の世界にどのような影響を与えたのか。

本節では、私自身が取り組んできた戦争犯罪論を振り返り、大日本帝国の何をどのように反省するべきだったのかを確認します。

私はもともと刑法学が専攻です。大学院の頃にはナチス・ドイツ期の刑法と、日本の治安法――治安維持法もそうですが、戦後で言えば公安条例とか破防法等の研究をしようとしました。その後、テーマは「権力犯罪」になり、一九九〇年代から「戦争犯罪論」が中心になりました。戦争犯罪については国際法や歴史学の研究者がいます。歴史学では家永三郎以来、「戦争責任」という形で議論してきました。荒井信一、前田哲男、内海愛子、田中利幸、吉田裕、林博史、山田朗など多数の先達がいます。九〇年代以降は「戦後補償」という形で議論が進んだので、同じテーマを私は戦争犯罪に絞って研究してきました。

## 在日朝鮮人・人権セミナー

一九八八年、世界人権宣言四〇周年に知り合いの弁護士たちと「人権集会」を持ちました。その時に集まった仲間で「在日朝鮮人・人権セミナー」という小さなグループを立ち上げました。

翌八九年に「パチンコ疑惑」事件が起きました。国会で「パチンコ業者の収入が朝鮮総連その他の機関を通じて、北朝鮮に送金されているのはけしからん」ということで、政権政党と公安調査庁が大々的に問題にして、騒ぎになった事件です。いわゆる「チマチョゴリ事件」――チマチョゴリを着て通学する朝鮮学校女子生徒に対する暴力事件が多発しました。朝鮮学校への嫌がらせ電話、「爆弾を仕掛けた」、「水道に毒を入れるぞ」といった脅迫電話が集中しました。「在日朝鮮人・人権セミナー」は被害者の聞き取り調査をして報告書を作成し、警察や法務省人権擁護局に被害防止の要請行動をしました。

それが一段落して「在日朝鮮人・人権セミナー」という名前で本格的に活動し続けることにして、私が事務局長になりました。最初に取り組んだのが朝鮮学校生徒の「JR通学定期券」問題です。千葉の在日朝鮮人のオモニ（お母さん）たちの「うちの子どもたちは通学定期券を買えない、何とかならないか」という訴えをお聞きして、JR、運輸省、文部省（現文科省）に要請行動をしました。日本学校の生徒は通学定期券を購入できるのに、朝鮮学校生徒は通勤定期と同じ割高の定期券しか買えなかったのです。JRは実質的な判断は一切しません。「文部省が駄目だと言っているから駄目です」と言うのです。文部省がなかなか認めないので苦労しました。それでも数年取り組んだ結果、文部省がOKを出して、一九九五年から朝鮮学校生徒が通学定期券を買うことができるようになりました。

一九九一年から九五年まで、このテーマに取り組みました。その中で、いわゆる「強制連行」問題にぶつかりました。一九九一年に「朝鮮学校生徒が通学定期券を買えない。これは差別ではないか。解決できないか」という趣旨で、国会質問をしてもらいました。日本社会党の本岡昭次参議院議員と清水澄子衆議院議員のお二人がそれぞれ国会質問をしてくれました。

何を質問するか考えたのですが、単にＪＲ定期券差別と言っても、なかなか通りません。在日朝鮮人社会では「国鉄の線路は朝鮮人が工事をして作った」、「このトンネルも朝鮮人が掘った」——そういう話がたくさん残っていました。強制連行された朝鮮人が国鉄の飯場で多数働いたからです。

こういう事例が一件ありました。静岡の朝鮮学校生徒がＪＲで通学していました。通学定期券は買えません。途中にトンネルがあるのですが、そのトンネルはその子の祖父が掘った。祖父が飯場に暮らしてそのトンネルを掘った。そこを今、孫が通っているのに通学定期券は買えない——話が分かりやすいので、国会質問で取り上げてもらいました。他にも何かないかと調べると、「慰安婦」問題と、南方方面派遣団という朝鮮人軍属の問題が出てきました。この三つを取り上げて国会質問をしてもらいました。メディアにも反響があり、その後、文部省に対する交渉がやりやすくなり、結果として一九九五年に通学定期券が買えるようになったのです。

私たちは「慰安婦」問題をＪＲ定期券問題のために持ち出したのですが、当時の労働省の清水職業安定局長の国会答弁が「いわゆる従軍慰安婦問題につきましては、民間の業者がこれを連れ歩いたもので、軍は関与しておりませんので、調査致しかねます」——これが正式回答だったわけです。私たちはそれ以上の追及材料を持っていませんでしたが、そのニュースを聞いて「日本政府は嘘をついている」と言って名乗り出たのが、ソウルの金学順《キム・ハクスン》さんでした。

以前からこの問題に取り組んできた方、例えば川田文子、鈴木裕子、西野瑠美子等の女性研究者がいらした。韓国では尹貞玉《ユン・ジョンオク》（梨花女子大学教授）がもっと前から調査していました。国会質問でこの答弁が出たことによって、日本政府の見解が明らかになり、それに対して市民の側が責任追及の運動を始めました。私たちは国連自由権委員会や子どもの権利委員会に「慰安婦」問題と朝鮮学校に対する差別問題のレポートを送りました。

一九八九年は「パチンコ疑惑」でしたが、一九九四年は「北朝鮮核疑惑」が大騒ぎになりました。一九九四年四〜六月にかけて全国で百数十件の「チマチョゴリ事件」が起きました。単に暴言のレベルではなくて、石を投げる。階段や電車のホームから突き落とす。後ろから首を絞める。チマチョゴリを切る。駅のホームで公然と女の子を抑えつけて髪の毛を切るという事件が起きました。朝鮮学校には脅迫電話が殺到しました。暴力と暴言が続発したヘイト・クライムです。

私たちは被害に遭った子どもたちに聞き取り調査をして、報告書を作りました（在日朝鮮人・人権セミナー『なぜチマチョゴリを狙うのか』）。「国連に文書を送るだけでは駄目だ。誰か行かないといけない」という話をして、一九九四年八月に私は初めて国連人権小委員会に行きました。当時は国連経済社会理事会の下に人権委員会があり、その下に差別防止少数者保護小委員会（人権小委員会）がありました。人権委員会は政府がメンバーです。当時は五三カ国の政府でした。日本政府も人権委員として参加していました。その下の人権小委員会は専門家委員会です。

とにかく国連に行こうと、一九九四年八月に行って「日本では朝鮮人差別がある、植民地支配と戦後の差別の問題であり、今もこんなひどいことが起きている」と初めてアピールしました。それまで「国連なんて帝国主義の手先で、敵だ」などと言っていたのですが、この時ばかりはそんなことを言っていられない。国連人権機関に訴えに行きました。それ以来ずっと国連人権機関に通うようになって四半世紀になります。

## クマラスワミ報告書

当初、私は「戦争犯罪論」という意識を持っていませんでした。朝鮮人差別がある。だからそれに取り組む運動として、国連に行ったのです。

一九九六年一月に「クマラスワミ報告書」が発表されました。同年三〜四月に人権委員会で審議され、四月の始めに採択されました。ラディカ・クマラスワミは「女性に対する暴力」を研究する特別研究者です。スリランカの弁護士で、一〇年間この研究を国連でやりました。その一つのテーマとして「武力紛争時における女性に対する暴力」がありました。彼女の一九九六年報告書に、丸々四〇頁に渡って「慰安婦」問題が取り上げられました。英語の「慰安婦 Comfort Women」はごまかしの言葉である。「軍事性奴隷 Military Sexual Slaves」と呼ぶべきだと書かれていました。日本政府は真相を明らかにしなさい。情報を公開しなさい。責任者を明らかにしなさい。被害者に謝罪し、賠償しなさい。そして再発防止のために学校教科書に載せなさい――これがクマラスワミ勧告です。歴史教科書に「慰安婦」問題を載せなさいと最初に言ってくれたのは、クマラスワミ特別報告者でしたので、翻訳出版しました（クマラスワミ『女性に対する暴力』）。

クマラスワミ報告書には、「戦争犯罪論」に相当することが詳しく書かれています。私も全部知っていることだったのに、私は考えていなかった。よく読んだら、私も同じことを書いていなければいけなかったと気付きました。反省して、一九九六年から戦争犯罪論研究を始めました。

一九九八年、「マクドゥーガル報告書」が出ました。人権小委員会における戦時性奴隷制についての研究です。戦時性奴隷制事件がナチス・ドイツや日本でもあった。旧ユーゴとルワンダでも起こりました。ゲイ・マクドゥーガルというアメリカの弁護士が担当しました。彼女は南アフリカのアパルトヘイト問題に取り組んだ著名な人権活動家で、現在も国連人権理事会のマイノリティ問題研究者や人種差別撤廃委員会委員として活躍しています。

彼女の報告書も非常に素晴らしい報告書です。「慰安婦」問題について、日本政府は真相解明して、責任者を処罰し、賠償しなさい、と結論づけました。やはり私が言わなければならないことだったのに、私はそこまで到達してなかった。自分の研究テーマとして取り組もうと考え、マクドゥーガル報告書を翻訳出版しました（マクドゥーガル『戦時性暴力を裁く』）。

その後、私は『戦争犯罪と人権』から始まり、『戦争犯罪論』、『ジェノサイド論』、『侵略と抵抗』、『人道に対する罪』まで、戦争犯罪論をテーマに五冊の本を書きました。国際刑法で広い意味での戦争犯罪の中核とされるのは、侵略の罪、ジェノサイド、（狭義の）戦争犯罪、人道に対する罪――この四つです。それに対応して五冊の本を出しました。私が言う「戦争犯罪論」というのは、こういうフィールドです。

その続きとして今取り組んでいるのが、戦争犯罪と重なりますが、一応区別される概念として「植民地支配犯罪論」です。また人道に対する罪やジェノサイドとのかかわりでは、「ヘイト・クライム」というテーマにも取り組んでいます。

二〇〇九～一〇年にかけて、立命館大学教授の徐勝《ソ・スン》の提案で「東アジア歴史・人権・平和宣言」を作りました。私が事務局長として、いろんな人にインタヴューをして、まとめた本が徐勝・前田朗編『文明と野蛮を超えて』です。徐勝、ピアニストの崔善愛《チェ・ソネ》、ダーバン宣言について先住民族の権利研究者の上村英明、植民地支配責任について板垣竜太、脱帝国のフェミニズムについて宋連玉《ソン・ヨノク》、女性国際戦犯法廷について中原道子、戦犯裁判については林博史、日本の植民地主義について金栄《キム・ヨン》――こういう方たちへのインタヴューをまとめました。「東アジア歴史・人権・平和宣言」も収録しました。これを踏まえてさらに植民地支配犯罪論を研究しなければなりません（本書第3章参照）。

## 原爆投下と人道に対する罪

戦略爆撃と密接に関連する原爆投下について取り組んだことがあります。

広島と長崎の市民が協力して、原爆投下を裁く民衆法廷（原爆投下を裁く国際民衆法廷・広島）をやりました。田中利幸たちの運動です。国際的法律家に判事になってもらい、広島の弁護士たちが検事として、広島・長崎の原爆投下を決定したアメリカ合州国大統領や国防長官など責任者を告発する。戦略爆撃で知られるカーチス・ルメイも含まれますが、彼らを告発した民衆法廷です。

この時に広島の方たちから「人道に対する罪について証言してくれないか」と頼まれて、お引き受けしました。かいつまんで証言内容を紹介します。

第一は、広島、長崎への原爆投下を評価する際の国際法基準が何なのかを確認する作業です。私は広島・長崎の原爆投下はジェノサイドに当たると考えますが、ジェノサイド条約は一九四八年採択ですので、遡って適用できません。

第二は、戦争法と原爆投下の関係です。俗説ですが、「仕方がなかった」論があります。日本がひどいことをしたのだから、原爆を落とされても仕方がなかった。原爆投下によって戦争が早く終わったので、米軍兵士の被害も少なくて済んだという議論です。仮に俗説の言う通りであるとしても、原爆投下を正当化することにはつながらないはずです。日本であろうが、ナチス・ドイツであろうが、アメリカであろうが、ソ連邦であろうが、同じ国際法を適用しなければならないという当たり前のことを確認しています。

第三に、戦争法の基本原則、いわゆるハーグ法の確認をしました。

第四に、一九六三年の東京地裁判決の確認です。日本国の一裁判所の判決ですが、原爆投下に関する初の法的判断ですし、国際法の世界でも早くから紹介されて、それなりの評価を受けた判決です。

第五に、個人の刑事責任について検討しました。原爆投下が違法であることに加えて、原爆投下に関わった個人に果たして刑事責任があるのかどうかの確認です。

第六は事後的なものですが、一九九六年の国際司法裁判所（ＩＣＪ）の判断がありますので、その判断も一つの参考にするために掲げておきました。

## 戦争法の基本原則

基本原則として確認しておくべきは、①「軍事目標主義」と②「不必要な苦痛を与える兵器の禁止」です。

戦略爆撃に関しては、直接的には前者の「軍事目標主義」が関わります。「不必要な苦痛を与える兵器の禁止」に直接はあたりませんが、それと関連して、不必要な苦痛を与える攻撃そのもの、兵器ではなく攻撃そのものに関わる項目もありますので、少し触れました。

軍事目標主義は、二〇世紀初期から国際法で掲げられた考え方です。国際法のテキストでも、だいたい同じようなことが書かれています。〈ジャン・ピクテの諸原則〉があります。ピクテはジュネーヴ大学の先生で、赤十字国際委員会国際法顧問でした。この分野の第一人者です。ピクテは「人的制限の原則」とか「物的制限の原則」という表現を使っていますが、この原則の発想には、一方で人道、他方で軍事的合理性があります。私たちは人道的でなければいけないから、こんな事はけしからんという議論をします。今日の国際人道法も人道に反することを禁止していますが、国際法の大本の考え方は必ずしもそれだけではありません。国際人道法というのは一九七〇年代から使われるようになった言葉で、それ以前に使われたのは「戦時国際法」でした。人道的にではなく、むしろ軍事的合理性に立って考えます。

国際法の考え方では、戦争は「害敵手段」——敵軍の行動を削ぐことが目的です。敵軍を破壊するか、破壊しなくても、その行動範囲を一定程度限定し、何らかの方法で相手方の抵抗力を損なうことによって、速やかに停戦に持ち込むのが軍事的合理性です。必要ないのに戦線を拡大して、お互いの被害を拡大する理由はありません。

軍事的合理性から言うと、敵の民間人を攻撃している暇はない。敵の民間人を攻撃するのは人道に反しますし、後に占領する時に、民間人から反感を買ってしまうと占領行政に協力してもらえない。無駄なことはやってはいけない。民間人や民間施設を攻撃せずに、速やかに敵軍を攻撃する。初期の国際法は軍事的合理性の考え方です。赤十字国際委員会が一八六〇年代から活動していますので、人道的な考え方も入ってきますが、国際ルールの出発点は軍事的合理性です。両者が入ってくることで様々な民間人の保護が生まれてくることになります。これが軍事目標主義です。

日清戦争、日露戦争に従軍した国際法学者の有賀長雄は、日本軍がいかに国際法に従って、きちんとやったかと一所懸命宣伝する論文を書きました。実際は旅順攻撃の時に日本軍は病院を攻撃しました。いかに言い訳するか。もちろん「誤爆の論理」です。敵軍を攻撃したが、残念ながら誤爆になりました――日清戦争の時から、日本はこの論理を言い訳に使っています。

湾岸戦争やイラク戦争で米軍が使った言い訳も「誤爆の論理」と「付随的損害の論理」です。軍事目標主義と言った途端に、裏側で言い訳をするために「誤爆でした、仕方がないです、付随的損害です」と言う。そういう理屈が一〇〇年間、続いているのです。

ただ原爆投下については性格が違いますし、戦略爆撃の問題とは違うので誤爆の言い訳は到底通用しないことは申し述べるまでもないと思います。

もう一つ、「不必要な苦痛を与える兵器の禁止」があります。毒ガスが典型ですが、ダムダム弾の禁止以来、様々に不必要な苦痛を与える兵器を禁止する。人道的な観点で持ち込まれたものです。

これは軍隊と軍隊の間の攻撃について言われる原則です。民間人についてのものではありません。もともと民間人を攻撃してはいけないので、不必要な苦痛を与えるか、与えないかは関係ありません。敵軍をターゲットにする時に、不必要な苦痛を与える兵器は駄目ですという考え方です。これを間違ってというか、発展させたというのか、違う文脈で適用したのが、原爆裁判の東京地裁判決です。

東京地裁下田判決は、いわゆる「マルテンス条項」などを含めて、新たに開発された武器を使って良いのかどうか、それが今触れたような原則との関係で違反になるかどうかの判断基準を問題にしました。使う側は「核兵器を禁止する条約がなかった。だから国際法違反ではない」という理屈です。

国際法のルールで言うと、「国際慣習法の諸原則に違反するようなものは駄目です」というもう一つの議論が出てくる。「その兵器を使ったら、必ず軍事目標主義に違反するような兵器」は違法である。東京地裁はこれを真正面から打ち出した。その意味で非常に優れた判決です。「不必要な苦痛を与える兵器の使用の禁止」について、広島・長崎に対する原子爆弾投下はこれに違反すると東京地裁は言い切った。良い中身なんですが、国際法の考え方と少し違うように見えます。それが先ほど言った、この原則は民間人に対する原則ではなくて、軍隊と軍隊の間に適用される原則だということです。国際法の適用の仕方としては疑問があると、当時から国際法学者によって指摘されてきました。

私もこれは違うように思うのですが、単純に間違いと決めつけるよりも、東京地裁が国際法の精神を発展させようとしたと考えた方が良い。この原則は戦闘員について適用される原則だけれども、東京地裁は、すべての人に適用するように解釈し直した。軍事目標主義だから民間人を攻撃しないと言っても、現実には誤爆や付随的損害で民間人が攻撃されてしまう。軍事目標主義に反するし、「不必要に苦痛を与える」原則にも根本的に違反していると言おうとしたと理解した方が良いのではないか。国際法学の世界では、なかなか通用しない理屈です。たまたま東京地裁がそういうことを言ったというだけであって、国際法の世界でそこまで言われているわけではないので、違うといえば違うのですが、やはり手掛かりになります。

戦争犯罪には「非人道的な兵器の使用」に加えて、「軍事的に不必要な過剰な死の惹起」という新しい項目が、現在の国際刑事裁判所（ＩＣＣ）規程に入っています。東京裁判やニュルンベルク裁判の時にはありませんでした。旧ユーゴスラヴィアやルワンダの裁判の時にもなかった。一九九八年にローマ全権外交官会議で採択されたＩＣＣ規程には「軍事的に不必要な過剰な死」が入っています。第八条二項ｂの（iv）は、「戦争犯罪としての過剰で付随的な死、負傷、または損害」となっています。軍事目標主義に基づく無差別爆撃の禁止、あるいは民間人攻撃の禁止を踏まえて、民間人の付随的な死を引き起こすのも駄目ですと言っているわけです。

アメリカがアフガニスタンやイラクで出した民間人犠牲は付随的損害だからやむを得ないという議論をするのに対して、この条文から言うと「付随的損害で仕方がない場合もあるかもしれないが、不必要な過剰な死が起きている、それはやはり犯罪だ」と言える。アメリカの付随的損害の理屈は半分消えることになりました。「ここに当たらない付随的損害です」と言わなければいけなくなった。十分ではありませんが、こういう形で少しずつ戦争行為を規制するルールが発展しています。

民間人攻撃、都市町村の恣意的破壊、軍事的に不必要な死の惹起、無防備都市の攻撃、さらに「非人道的な兵器の使用」――原爆投下はこれらに違反する。戦略爆撃の場合も、非人道的な兵器の使用に当たるかどうかは別の問題で、それ以外には、戦略爆撃が国際法に違反する戦争犯罪だという議論が当然できるでしょう。

## 人道に対する罪

東京裁判とニュルンベルク裁判で使われた規定ですが、日本ではよく知られていません。最初はニュルンベルク裁判です。国際刑事裁判として人道に対する罪を適用したのは、ニュルンベルク裁判が歴史上最初です。二番目は横浜法廷で裁かれた花岡事件です。

東京裁判では人道に対する罪は明示的に適用されませんでした。「東京裁判で人道に対する罪で裁かれたのは不当だ」と主張している人たちがいます。東京裁判では人道に対する罪が明示的に適用されていないのに、なぜこういう主張をするのか理解できません。とにかく「東京裁判は嫌だ」と言いたいのでしょう（東京裁判について本書２１９頁以下）。

ナチス関連では、フランスのパポン裁判、イタリアのプブリケ裁判、カナダのフィンタ裁判等、人道に対する罪の裁判があります。イェルサレム地裁でのアイヒマン裁判とか、各地の国内裁判でも適用されています。

ニュルンベルク以前、第一次世界大戦の終わりに三つの裁判が浮上しました。

第一は、ヴェルサイユ条約に基づく裁判です。被疑者はドイツ帝国のヴィルヘルムⅡ世です。ただオランダが、亡命者は送還しないという国際法上のノン・ルフールマン原則に従ってヴィルヘルムⅡ世をかくまったので、裁判ができませんでした。

重要なのは、日本はその時、裁判官だったことです。第一次大戦の終わりに、日本はアメリカやイギリスと一緒に「戦争犯罪を裁く」と言っていたのです。この事実が従来なぜか注目されていません。第一次大戦で「俺は裁くぞ」と言っていた日本が、第二次大戦後の東京裁判で裁かれた。「その裁きはおかしい」、「勝者の裁きだ」と批判できるでしょうか。

第二は、ライプチヒ裁判です。ドイツの軍人たちを捕まえて、ドイツ政府が裁判所に送って裁いた。大半が無罪となり、ごく一部が有罪になったにすぎません。後に「ライプチヒの茶番」と呼ばれます。本来、自分の国の戦争犯罪は自分の国で裁きます。ところが、ドイツはきちんとやらなかった。だからニュルンベルク裁判が必要になった。アメリカやイギリスは最初ドイツにやらせようと考えた。でも、「ドイツに任せられないから、我々が裁く」となったわけです。それが二つ目のライプチヒ裁判の教訓です。

## イスタンブール裁判

第三が、イスタンブール裁判です。ごく一部の国際法の英語のテキストには載っていますが、日本の文献では一度も見たことがありません。

第一次大戦でトルコはロシアと戦争をしました。黒海やカスピ海の脇にアゼルバイジャン、オセチア、グルジアとかの地域があります。ここにアルメニアがあります。トルコはイスラム教ですが、アルメニアは世界で最初のキリスト教国家と言われた国です。そのためトルコによって迫害されます。トルコ側の理屈は、ロシアと戦争をするのに妨げになる。アルメニア人がスパイとしてロシアに協力するんじゃないか。こういう口実でアルメニア人に対する迫害と強制移送を行います。この最中に、膨大な被害が起きました。いろんな数字があって分からないのですが、一〇〇万人ものアルメニア人が亡くなったと言われます。現在のアルメニアの人口が三〇〇万人ぐらいです。犠牲者が一〇〇万規模というのは想像を絶する数字です。

当時イギリスがトルコ軍人たちを身柄拘束して、地中海のある島に拘禁しました。トルコ政府と協議をして、トルコで裁判をやるように要求しました。トルコが「裁判をやります」と言うので、イギリスは被疑者を引き渡しました。それがイスタンブール裁判です。トルコの世論は「軍人が国を守るために戦ったのに、たまたま負けたからといって裁判にかけるとは何だ」と反対運動が盛り上がる。ですから、かなり無罪判決でごまかすという形で終わっています。ライプチヒと同じです。

重要なのは、当時のトルコ政府文書に「人道と文明に対する罪を裁く」と書いてあったことです。おそらく「人道に対する罪を裁く」という表現はここからだというのが私の見解です（前田朗『人道に対する罪』）。

当時の国際法では「人道と文明」が二つのキーワードでした。「文明」は帝国主義の侵略の旗印です。「我々は文明国で、敵は野蛮である」――差別的な発想ですが、当時はこの「人道と文明」が国際法のキーワードで、第一次大戦後の様々な国際文書を見ても、あちこちに書いてある。その通りにやってもらいましょうと、トルコにやらせようとしたけれども、うまくいかなかった。イスタンブール裁判の教訓です。

## 国際刑事裁判所の限界

ニュルンベルク、東京、旧ユーゴ、ルワンダ、それからカンボジア、コソヴォ、シエラレオネ、東ティモールと、戦争犯罪法廷が開かれています。これらは個別の問題、地域限定でしかなかったので、地球上の全体を扱うために国際刑事裁判所（ＩＣＣ）が作られました。一九九八年にＩＣＣ規程が採択され、二〇〇二年に発足し、オランダのハーグにＩＣＣがあります。建前上は世界中どこで行われたものでも、誰が行ったものでも、戦争犯罪、人道に対する罪を裁くのがＩＣＣです。ただ建前通りにはいきません。

第一の限界は、二〇〇二年七月一日以降という時間的な区切りです。それ以前に遡って適用できません。

第二の限界は、規程を批准又は加入した国の軍人の犯罪しか裁けません。日本はＩＣＣ規程に後から加入したので適用されます。もし自衛隊がイラクに行った時に何かやっていたら、戦争犯罪と訴えられる可能性があった。

アメリカはＩＣＣ規程に入っていません。クリントン大統領が退任間際に加入の署名をしましたが、二〇〇〇年一月一日、ブッシュ大統領就任後最初にやったのがその撤回でした。ですから、アメリカはこれに入っていない。アメリカは、他の国に対してこれを適用するなと要求し、米軍兵士が捕まっても裁かせない。そのためにありとあらゆる努力を払う。それが現在のアメリカです。中国も入っていません。

現に動いている裁判は、コンゴ民主共和国、スーダン、中央アフリカ、ウガンダ等、アフリカにおける戦争犯罪です。そのためアフリカ諸国では不満が高まっています。なぜアフリカの事例ばかり取り上げるのか。他にも多数の戦争犯罪があるではないかということで、問題になり始めています。

私の感想としては、ＩＣＣがあまり強くても困る。全く逆にアメリカが中に入って、米軍の力を使ってＩＣＣを引きまわし、アメリカだけは処罰されないということになると、かえって恐い。今のところ、実績を徐々に積み上げてＩＣＣを緩やかに強化していくしかないと思います。アメリカをどうするかは最大の問題で、これは最後まで残り続けます。

## 世界に伝えるために

日本の人権問題を世界にどうアピールするのか。私たちは不十分でした。先ほど言った「慰安婦Comfort Women」がまさにそれです。「従軍慰安婦」という言葉を私は一九九一年より前に知っていましたが、言葉が違うと全然イメージが違います。これを「戦時性奴隷」と呼んだのは、元龍谷大学教授の戸塚悦朗(弁護士)です。「慰安婦」問題を初めて国連に持ち込んだのは戸塚でした。戸塚は国際法で考えて、奴隷条約と強制労働条約を使ってアピールした。「Comfort Women」という言葉では世界に通用しない。そこで「性奴隷制 Sexual Slave」だと言った。後にクマラスワミ報告書で使われ、「日本軍性奴隷制」と呼ぶようになった。世界に向けてどういう言葉でアピールするのか、十分考えないといけません。

私は一九九四年から国連人権機関に通ってきました。二〇〇六年から人権委員会が人権理事会に変わった後、人権理事会に通っています。朝鮮人に対する差別とヘイト・スピーチ問題を訴えてきました。朝鮮学校高校無償化除外問題も取り上げました。

国連ですから、アメリカ政府代表もいれば、イギリス政府代表もいます。私たちは永田町で発言することができません。私は二〇〇五年のイラク特措法審議の時に、参議院の公述人として一度だけ発言したことがあります。元沖縄県知事だった大田昌秀（参議院議員）の要請で公述人になったからです。たった一度です。霞が関でも発言できません。経産省に要請行動に行っても追い出されますが、NGOとして活動すれば、国連で発言ができるので、ずっと通っています。

人権理事会では、国連と協議資格を有するNGOであれば、発言することができます。アムネスティ・インターナショナル、ヒューマンライツ・ウオッチ、国際法律家委員会等、有名なNGOがたくさんあります。日本で言うと、例えば日弁連が国連NGO資格を持っていますし、あるいは反差別国際運動（IMADR）、ピースボート、日本友和会（JFOR）、アジア女性資料センター等たくさんあります。私は国際人権活動日本委員会（JWCHR）という団体の資格で参加しています。

ジュネーヴのレマン湖畔に国連人権高等弁務官事務所の建物があります。人種差別撤廃委員会、拷問禁止委員会、子どもの権利委員会等が開かれます。私も何度も参加・傍聴し、国際人権法や人道法の情報収集をし、日本の問題をアピールする。その中で痛感したのが先ほどの、日本の人権問題を国際基準で表現しないといけないことです。在日朝鮮人への差別事件で、日本国内では「チマチョゴリ事件」とか、いろんな言い方をしますが、それを人種差別撤廃条約の言葉で表現する。世界人権宣言の、どの条文にあたっているのかを表現する。そうしないと伝わりにくいのです。

例えば関東大震災朝鮮人虐殺です。この言葉が定着しているために、私は最初、英語に翻訳していっていました。それでは駄目なんです。「関東大震災」と言うと「地震で人が死んだのか」という話になる。世界には地震のない国に住んでいる人たちが多数います。なかなか伝わらないわけです。二〇〇〇年頃にようやく思いついて、「コリアン・ジェノサイド Korean Genocide」と言いました。「一九二三年に関東ジェノサイドが起きた」という説明をした。そうすると人権分野のみんなに分かる。最初のひと言で、聞いてくれるかどうかが違いますので、わかりやすい言葉で言う必要があります。

「三六年に及ぶ植民地支配の下で、朝鮮民族抹殺政策が取られた」という批判の言葉をよく使います。朝鮮民族抹殺政策――これを英語に直訳してもなかなか通じません。やはりコリアン・ジェノサイドです。

コリアン・ジェノサイドには、朝鮮半島におけるジェノサイドと、日本におけるコリアン・ジェノサイドがある。そういう言い方をすれば通じるわけです。ICC設立以降、たくさんの国際刑法の本が出ています。ジェノサイドに関する本は毎年何冊も出ています。しかしコリアン・ジェノサイドは載っていません。関東大震災朝鮮人虐殺は載っていません。アルメニア、ウガンダ、ルワンダ、ナミビア、最近でいうとコンゴやスーダン、カンボジアやチベットが載ります。朝鮮半島や日本のことは一切載っていません。私たちが世界に向かってアピールできなかったからです。

「ヘイト・クライム」についても、日本のメディアは「朝鮮人に対する嫌がらせ事件」と書いてきました。駅のホームから突き落としたり、首を絞めたりするのを「嫌がらせ」と報道しました。国際人権機関に出す時には、「人種差別（Racial discrimination）」、「ヘイト・クライム（Hate Crime）」という話になります。言葉を選ばないといけません。

## 人種差別撤廃委員会と日本

ヘイト・クライムについて触れましたので、二〇一〇年にジュネーヴの国連人権高等弁務官事務所で開かれた人種差別撤廃委員会を紹介します。その直前、二〇〇九年一二月に「在日特権を許さない市民の会（在特会）」の関西グループが、京都朝鮮学校に行って暴れた事件があります。人種差別撤廃委員会が開かれたのが二〇一〇年二月二五日です。人種差別撤廃委員会開会の直前、数日前に日本で中井洽大臣が「朝鮮学校を高校無償化から除外しろ」という発言をしました。その問題を人種差別撤廃委員会にすぐにアピールして、それは人種差別だという勧告を出してもらったのが、この時です。

日本ではヘイト・クライム研究が手薄なので、私は二〇一〇年に『ヘイト・クライム』という小さな本を出しました。まだまだ不十分で、今いろいろ研究しているところです。

私が最初に取り組んだのは、ヘイト・クライム先進国のアメリカにおける社会学研究の翻訳紹介です。「ヘイト・クライム先進国」というのはおかしな言葉ですが、アメリカではヘイト・クライムが多発します。ヘイト・クライム対策の歴史があり、研究も進んでいます。良かれ悪しかれ「先進国」です。

もう一つ、人種差別撤廃委員会に世界各国の報告書が出されていますので、それを片っ端から紹介してきました。世界の一五〇カ国以上にヘイト・クライム／スピーチ法があります。

日本政府は何と言ってきたか。二〇〇一年、二〇一〇年の人種差別撤廃委員会で、「我が国には人種差別禁止法を必要とするような人種差別はない。だから人種差別禁止法は必要ないので作らない。さらにヘイト・スピーチ法も作らない。ヘイト・スピーチ法を作るとすれば、それは憲法違反になる。人種差別動機で他人に犯罪をするヘイト・スピーチを処罰するのは憲法違反だ。なぜなら、憲法21条は表現の自由を謳っている」――これが日本政府の正式見解です。

二〇〇一年の人種差別撤廃委員会で「日本政府は人種差別表現の自由を主張しているのか」と質問されました。さすがに慌てて、「いや、そういうわけではございませんが、憲法21条がございます」という答弁をしました。二〇一八年にも人種差別撤廃委員会で、日本政府報告書が審査されましたが、現在でも日本政府は同じ立場です。

表現の自由は重要ですが、反原発、脱原発のデモで何人も不当逮捕されています。日本政府は表現の自由を尊重しているでしょうか。都合のいい時は、表現の自由を使って抗弁するわけですが、市民の表現の自由を認めていません。

ヘイト・クライムには二種類あります。一つは、言葉に焦点を当てたヘイト・スピーチです。

朝鮮人や被差別部落の人に対して、差別発言によって相手の人格を貶め、排除することです。国際的には犯罪です。これであれば少なくともスピーチですから、表現の自由と関係すると言えないこともありません。

ヘイト・クライムにはもう一つあります。「スピーチ＋暴力行為」です。これが非常に多いのです。差別的な動機で暴力を振るう。差別発言をしながら暴力を振るう。暴行罪、脅迫罪、威力業務妨害罪——この類の犯罪です。日本でも増えています。フィリピン人であるカルデロンさんの事件もそうです。在日中国人や在日朝鮮人に対してもやっています。奈良で部落解放同盟の水平社博物館に押しかけて差別発言をまき散らした事件がありました。にも関わらず、日本政府は「表現の自由です」で終わらせますが、とんでもないことです。そこでアメリカの研究を紹介し、国際人権法と世界各国でどうなっているのかを研究してきました（前田朗『ヘイト・スピーチ法研究序説』及び『ヘイト・スピーチ法研究原論』参照）。

## 対人地雷条約とクラスター爆弾条約

「軍事目標主義」と、「不必要な苦痛を与える兵器の禁止」との関連では、クラスター爆弾なども取り上げられてきました。ナパーム弾、枯葉剤、対人地雷に対する認識にしても、かなり変わってきたと思います。国際法の適用でいうと、裏側に人道があって――人道が前面に出る場合と出ない場合がありますが――その間で動いている状況は変わっていないと思います。

特に対人地雷条約の場合、条約づくりを推進したＮＧＯとしては、人道の論理を前面に展開して、国際的な動きになって条約ができたわけです。国家の論理、あるいは軍事の論理でいうと、必ずしも人道の論理ではなくて、相互性の範囲で物事が動いている。やる側とやられる側――結局自分たちがやる側である時にはこうだけれども、やられる側に回った時にどうなるか、という判断になる。

クラスター爆弾の場合も、民間人に被害を与えるという論理で考えますが、国家や軍隊の論理からいくと必ずしもそうではない。自衛隊はかつてクラスター爆弾を持っていました。日本は海岸線が長いので、敵軍が攻めてきた時に敵の上陸を防ぐために最低限必要な、防衛のための兵器であると言っていました。そこには人道の論理が出てきません。だから、非人道的と非難されないような防衛の手段を確保できればクラスター爆弾は廃止しても良いという理屈になっていく訳です。

条約を作らせようとするＮＧＯ側の人道の論理を拒否できなくなった時、国家はいかなる代替措置を確保できるか。それが確保できた時に、認めるという話です。

アメリカが劣化ウラン弾を手放さないのは、代替する兵器がないからです。劣化ウラン弾に匹敵するほどの低コストで威力のある兵器はない。劣化ウラン弾がいかに非人道的だと非難しても、アメリカは代替兵器がない限り、一切認めない、手放さない。私たちは劣化ウラン弾禁止条約をつくる運動をやっていますが、人権や人道の論理と、国家の軍事の論理とが、どこでぶつかり合うのか。代替措置さえあれば、何とか一歩前進できる。でも代替兵器があると、一歩前進したつもりが一歩後退しているかもしれません。科学技術の発達によって様々な兵器がさらに開発される残念な事態になっています。そこを乗り越えるのは人道の論理だけでは難しい。人道の論理が一番必要で、それを強調しないといけないのですが、それだけでは越えられないところが残ります。

## 天皇と国家の無答責

「天皇の戦争責任」には長い議論の歴史がありますが、昭和天皇死去後はほとんど無視されてきました。平成天皇には直接の戦争責任はないからです。しかし、個人としてではなく同じ憲法上の地位にある者として、前任者の責任を継承している面はあるはずです。前任者が責任をとらずに他界したわけですし、実の父親です。父親の責任を息子が継承するわけではありません。その地位を息子が引き継いだから、道義的に戦争責任を継承したと言えるはずです。それは孫であっても変わりません。

民衆法廷で言うと、二〇〇〇年に開催された女性国際戦犯法廷は、日本軍性奴隷制問題について天皇の戦争責任を問いました。その準備過程で、やはり議論になりました。法廷を準備した日本の検事団（弁護士たち）が、天皇の戦争責任の告発をやるのはとても難しいのでどうしようかと悩んだ。韓国側は「天皇を被告人にしないなら、この法廷はやる意義がない」と強く主張しました。日本側もそれはやはりきちんとやらなければいけないと決断したわけです。準備段階で、その議論を随分やりました。女性国際戦犯法廷を準備した日本側責任者の松井やより（ジャーナリスト、故人）は、日本社会に「天皇の戦争責任」問題を正面から突き付ける必要があると考えたのです。自分たちだけで言っていても駄目なので、国際法のエキスパートに判断してもらう必要がある。それであそこまで何とか辿り着いたと思います。

無答責の議論は大日本帝国憲法の論理にすぎず、国際法の論理ではありませんから、論理的に乗り越えることは難しくありません。国内の社会意識として、そこを越えるのが難しいとも言えるので、その点は残ります。ただ、大日本帝国憲法の論理にのったとしても、神聖不可侵の規定から無答責が必ずしも出てくるわけではありません。天皇制があまりにも特殊なために、「大日本帝国憲法の神聖不可侵条項というのは世界にこれしかない特殊なものだ」と言われますが違います。一九世紀のドイツ諸邦の憲法にたくさん書いてあります。バイエルンやザクセン等の憲法に「国王は神聖不可侵である」とあります。明治時代に日本に移入したのです。神聖不可侵だから元首が無答責であるという理屈は、ドイツ諸邦の憲法でもストレートには出てこないので、帝国憲法の条文から直接出てきたのではなくて、天皇制の実態から、臣民に向かって無答責が言われただけだと思います。憲法上の論拠としても、無答責が唯一の論理であるとは思えません。国際法から見れば天皇の責任が問われるのは当たり前です。

近代戦争の終戦処理のプロセスでいうと必ずしも当たり前でなかった面もありました。近代の戦争終結は国家責任を問う。例えば領土割譲、開港、租借地提供、損害賠償、武装解除、それから非武装地帯の設定――こういうのが戦争終結方法でした。

個人責任の追及に転換したのは第一次大戦からです。先ほどのヴィルヘルムⅡ世の、実現しなかった裁判からです。実現したのはニュルンベルク裁判からですので、その意味では当時、国家責任から個人責任に転換が図られ、連合国という勝者の力によって、負けた側の指導者について貫徹した。ただしアメリカと日本との関係の中で、天皇だけ除外されてしまった。もともとのプロセスからいうと、天皇の戦争責任の国際的追及は、そんなに容易だったわけではなくて、あ係の時代にようやくできた。できる条件は揃った。それでも天皇は除外されました。国際政治関係で免除され、それによって日本国内の意識としては、「平和主義者・天皇」という捏造が成功してしまったわけです。

## 戦争と戦争犯罪と

戦争と戦争犯罪の区別にも触れておきます。東京裁判の評価にもかかわります。

戦争そのものをどう評価するか、憲法学者の河上暁弘が『日本国憲法第9条成立の思想的淵源の研究』の中で、不戦条約の解釈について、従来の日本の解釈は違うのではないかという議論をしています。レヴィンソンが戦争の違法化を提起した時には、すべての戦争を放棄するという提起だった。不戦条約ができた時には、自衛戦争は除かれるという解釈が採用されています。一九二〇年代の国家群、アメリカとフランスを中心とした国家が作った条約ですから、自衛戦争は除いたと言われるようになりました。

しかし不戦条約の締結過程を見ても、自衛戦争を除くという論拠が出ていたわけではないそうです。むしろ後から各国の利害の中で、そういう解釈で自分たちは逃れたと理解した方が良いという研究が出ています。

不戦条約と日本国憲法前文と9条から見て、私たちがどう展開していくのかという話だと思います。その意味で国際法上、戦争そのものが犯罪だとは言えないけれども、国際法上、戦争は違法だと言えるというのが、私の解釈です。

日本国憲法では、戦争だけではなくて、戦力――戦争のためのあらゆる力能が9条では本来禁止されています。9条の「陸、海、空軍、その他の戦力」の「戦力」の部分には軍需産業も入っているはずです。日本語では「戦力」と言っていますが、英語では「ウォー・ポテンシャル（war potential)」です。軍需産業も入っているはずなので、全部駄目だというのが、日本国憲法の本来の立場です。それが「戦力」と言われて、「陸、海、空軍」とセットにして、自衛隊問題の議論に解釈が矮小化していったために、様々な軍事的なものが許されてしまったと思います。

国際人道法及び国際人権法の発展の中に位置づけることによって9条の世界史的意義を把握することができるようになります。

〈参考文献〉


古関彰一『平和憲法の深層』（ちくま新書、二〇一五年）

鈴木安蔵『憲法制定前後——新憲法をめぐる激動期の記録』（青木書店、一九七七年）

田中利幸『検証「戦後民主主義」』（三一書房、二〇一九年）

原発を問う民衆法廷実行委員会編『原発民衆法廷①〜④』（三一書房、二〇一二年〜）

鵜飼哲・岡野八代・田中利幸・前田朗『思想の廃墟から——歴史への責任、権力への対峙のために』（彩流社、二〇一八年）

『なぜチマチョゴリを狙うのか』（在日朝鮮人・人権セミナー／マスコミ市民、一九九四年）

ラディカ・クマラスワミ『女性に対する暴力』（明石書店、二〇〇〇年）

ゲイ・マクドゥーガル『戦時性暴力を裁く』（凱風社、二〇〇〇年）

前田朗『戦争犯罪と人権』（明石書店、一九九八年）

前田朗『戦争犯罪論』（青木書店、二〇〇〇年）

前田朗『ジェノサイド論』（青木書店、二〇〇二年）

前田朗『侵略と抵抗』（青木書店、二〇〇五年）

前田朗『人道に対する罪』（青木書店、二〇〇九年）

徐勝・前田朗『文明と野蛮を超えて』（かもがわ出版、二〇一一年）

前田朗『ヘイト・クライム』（三一書房労組、二〇一〇年）

前田朗『ヘイト・スピーチ法研究序説』（三一書房、二〇一五年）

前田朗『ヘイト・スピーチ法研究原論』（三一書房、二〇一九年）

川上暁弘『日本国憲法第9条成立の思想的淵源の研究』（専修大学出版局、二〇〇六年）

# 第3章　植民地主義を超えて

## 第一節　植民地主義の経験

日本国憲法は侵略戦争を反省して、平和主義に立脚することを基本として制定されました。戦争への反省は繰り返し確認されてきました。

ところが植民地支配への反省はなおざりにされました。憲法教科書には戦争への反省は出てきますが、植民地支配への反省を見ることはできません。

9条の原点を考える際、植民地問題を抜きに考えることはできません。前章で紹介した古関彰一は沖縄に対する植民地主義を再確認しています。植民地支配の歴史と、その後も残存した植民地主義の経験を踏まえないと、9条を的確に理解することができません。

以下では、二〇一六年一二月にソウルで開催された靖国神社問題シンポジウムにおける私の報告原稿を基に検討します。

### 一　問題意識

## 1　本節の課題

近年、ヘイト・スピーチ刑事規制をめぐる議論を通じて明らかになったのは、マジョリティの表現の自由を守るためにマイノリティの自由や権利を犠牲にすることもやむを得ないという思考が強いことでした。

一九九〇年代から日本軍性奴隷制（「慰安婦」）問題をめぐる議論を通じて明らかになったのも、性奴隷制被害者の救済よりも、日本の歴史と伝統の称揚こそが重要であるという意見が多数派であることです。

沖縄米軍基地に顕著な「日本の安全論」も「沖縄抜きの本土の安全論」であり、マジョリティの利益のためにマイノリティを犠牲にすることが当然とされています。「構造的差別」と言われる所以です。

植民地支配の清算が行われず、戦争責任が十分に問われてこなかったことについては幅広い領域における諸研究により批判的に解明されてきました。法理論分野でもイデオロギー分野でも、戦後補償や戦争責任に関する膨大な研究の蓄積があります。

本節では、そこに新たな論点を追加し、今後の議論の手がかりにします。端的に言うと、現代日本法及びイデオロギーの研究に当たって、「かつての植民地支配の反省の不足や不十分さが影を落としているという理解は果たして正当と言えるのだろうか」と問い直すことです。かつての植民地支配ではなく、現代日本法そのものに内在する諸要因が作動しているのではないでしょうか。日本国憲法にはレイシズムが内在しているのではないか。この問いから出発して、日本植民地主義批判の手がかりとしたいと思います。

## 2 定義

本節で植民地主義法という概念を用いますが、これは植民地法制とは異なります。台湾や朝鮮を植民地化（割譲、併合）して日本がつくり出した植民地法制は、一九四五年八月の日本敗戦と、その結果としての植民地独立（日本にとっては植民地喪失）を通じて消失しました。それゆえ植民地法研究の対象は一九四五年以前の歴史です。

これに対して植民地主義は一九四五年の前にも後にも一貫して続いた現象です。

宗主国が植民地に適用した植民地法制とは別次元で、第一に、国際法のレベルでの植民地支配犯罪概念が想起されます。国連国際法委員会における植民地支配犯罪概念の創設は失敗に帰しましたが、人道に対する罪の解釈・適用において植民地支配の実態を読み込む研究が続いています。

第二に、宗主国とその社会の法規範や法意識に即して植民地主義法が想定されます。植民地に移住した植民者だけでなく、宗主国に生まれ育った者が、植民地に行ったことがなく、植民地人民と接触することがなくても、植民地宗主国の法文化を身に着け、その思考や行動に植民地主義が貫徹している場合を想起してみましょう。植民地独立後も旧宗主国側には「植民地なき植民地主義」が残存するのです。

本節の主題はこの意味での植民地主義法とイデオロギーです。植民地独立後の旧宗主国における植民地主義は、植民地喪失過程の具体的ありようによって規定されます。日本の植民地喪失過程の独自性から、戦後改革のさなかに植民地主義法の再編が行われたのではないか。現代日本法における植民地主義を問うことは、戦後改革、特に日本国憲法体制における植民地主義とその長期に及ぶ影響を問うことになります。

## 二　前史

9条の原点を探るために、現代日本法の把握をめざして歴史を再考する場合、明治期に形成された法制を中心に検討するのが当然ですが、植民地主義に焦点を当てる場合、その前史を無視することはできません。西欧諸国が大航海時代に新航路を探検し、「新世界」へ到達し、世界を植民地化した「五〇〇年の植民地主義」に照応する歴史を日本も歩んだからです。大航海と植民地化による交易と収奪により、資本の原始的蓄積から産業革命を経て西欧資本主義が世界を席巻していく過程です。カリブ海やラテンアメリカの人民は殺戮や伝染病によって滅亡しました。そこに導入されたのが大西洋奴隷制でした。東南アジアではイギリス、オランダ、フランス等による植民地分割が進められました。

## 1　アイヌモシリ

アイヌモシリとは「人間の静かなる大地」という意味で、アイヌ民族が居住する地域を指す総称です。現在の北海道、樺太（サハリン）、千島（クリル）等を指します。一四五七年、道南の志濃里（現在の函館市）においてコシャマインの戦いが生じました。首領コシャマインが率いるアイヌが和人の支配に抗して蹶起しましたが、一四五八年、武田信広軍がコシャマイン軍を撃破して、戦いは終了しました。

一六六九年、シブチャリの首領シャクシャインを中心とした戦いは、江戸幕府の下で交易権を独占した松前藩が知行主とアイヌとの交易を管理した時代のアイヌ民族の抵抗です。和人とアイヌ民族の交流史としては、近世幕藩体制を確立した和人側（松前藩、江戸幕府）による道南地方の支配の形成期であり、アイヌ民族を植民地化し、主に漁業におけるアイヌの奴隷的強制労働が広がりました。

## 2　琉球王国

一四二九年から一八七九年の四五〇年間、琉球諸島を中心に琉球王国が存在しました。統一王国成立が一四二九年頃とされ、一四六九年頃、第二尚氏の王朝が成立しました。最盛期には奄美群島、沖縄諸島、先島諸島までを統治しました。

一六〇九年三月、島津氏の薩摩藩は三〇〇〇名の兵を率いて薩摩を出発し、琉球王国の奄美大島に上陸しました。三月二六日には沖縄本島に渡り、四月五日、尚寧王が和睦を申し入れて首里城は開城しました。琉球王国に対する薩摩藩の支配が始まり、江戸幕府に使節を派遣しました。他方、琉球冊封使は一四〇四年、明の永楽帝と琉球の武寧王の間で始まり、一六五二年、清の順治帝と琉球の尚質王の間が最後となりました。

## 3　朝鮮王朝

朝鮮王朝（李氏朝鮮）への侵略・征服戦争は、日本では文禄・慶長の役、朝鮮では壬辰倭乱、丁西倭乱（丁酉再乱）と呼ばれました。最近では東アジア三国それぞれの自国史にとどまらず、地域の歴史を描くために日韓中共同研究が進み、「壬辰戦争」という呼称が提唱されています。

豊臣軍は名護屋（現在の佐賀県唐津）滞在が一〇万、朝鮮出征が一六～二〇万の勢力でした。当時、日本全国の総石高は約二〇〇〇万石でした。一万石あたり二五〇人の兵を動員したとすると、総兵力は約五〇万人となると推測されています。文禄の役の二五万以上の動員数は総兵力の半分程であったことになります。壬辰戦争は、朝鮮半島を舞台として行われた日本対朝鮮・明連合という国際的戦争であり、一六世紀の世界最大の戦争でした。大航海時代における最大規模の侵略戦争としての壬辰戦争の意味を再考する必要があります。

日本植民地主義は、北ではアイヌモシリ、南では琉球王国、西では朝鮮半島での戦争を通じて形成されたのではないでしょうか。なお台湾、南洋諸島、旧「満州」等に言及する余裕がありませんが、ほぼ同様の経験を見ることができるでしょう。

## 三　日本植民地主義の形成

### 1　領土

近代世界における植民地主義の担い手が西欧国民国家であったことは言うまでもありません。近代国民国家の要素は一般に①領土、②国民、③主権とされます。明治維新後の日本も国民国家を形成したので、以下では三要素に分けて論じます。

一七八九年、アイヌ民族最後の抵抗戦争であったクナシリ・メナシの戦いの後、一八五五年、日露和親条約で択捉島と得撫島の間に国境が引かれました。江戸時代に伊能忠敬、間宮林蔵、松浦武四郎らによる測量・調査がなされ、明治政府は一八六九年、アイヌモシリ（蝦夷）を北海道と命名し、北海道開拓使を設置し、北方警備と開拓のために屯田兵を送り込みました。一八七五年の樺太千島条約で、日本とロシアはアイヌ民族に断りなしに、千島を日本領、樺太をロシア領に分割しました。日露戦争の結果、一九〇五年のポーツマス条約により南千島が日本領になりました。

第一に、アイヌモシリの一方的な併合です。アイヌ民族の意思は考慮されていない、問答無用の略奪でした。第二に、植民地分割が行われました。一七〇七年のスコットランド併合及び一九二二年の北アイルランドの植民地分割に匹敵します。アイヌモシリ植民地分割は、第二次大戦終結時にソ連軍が南千島を占領したことにより「北方領土問題」に姿を変えます。

一八五四年、ペリー提督と江戸幕府は日米和親条約を結びました。ペリー艦隊はその後、琉球に渡航し、首里城を訪れて条約締結を迫りました。琉米修好条約（亜米利加合衆国琉球王国政府トノ定約）は両国間の自由貿易、米国船舶の事故への救援・対処、米国への領事裁判権付与を定めた国際条約です。琉球王国は一八五四年に独立国家と認知されました。アメリカ、オランダ、フランスの三カ国が琉球王国と修好条約を締結し、琉球王国は国際法上の主体でした。それゆえ琉球併合（琉球処分）とは琉球王国に対する植民地化です。

一八八〇年、日本は清との間で琉球分割条約の締結を急ぎました。交渉がまとまらず、分割条約の調印には至りませんでしたが、宗主国が植民地を「分割できる土地」と見做していたことを確認できます。一八五九年、オランダとポルトガルがティモールを分割したことが想起されます。

一九一〇年の韓国併合について詳論する必要はないでしょう。日清戦争により日本は朝鮮半島における権益を確立し、台湾割譲によって帝国主義の肥大化への転換点を迎えました。日露戦争を通じて南満州における権益を確保し、韓国併合への道を歩みました。一九〇五年から一九一〇年に至る過程を通じて韓国を併合した日本は帝国主義国家としての地位を確立し、国際連盟など第一次大戦後の国際社会における大国として振る舞いました。朝鮮半島は、日本資本主義の本格的発展を支える資源及び市場として位置付けられました。

大日本帝国憲法には領土の規定がありません。韓国併合等の植民地併合や分割に際して憲法改正は必要なかったのです。このことが憲法学上まったく議論されないのはなぜでしょうか。

多くの国の憲法には、自国の領土がどこであるか明示されています。憲法の適用領域が明示されています。ところが大日本帝国憲法には領土規定がなく、次々と植民地を獲得して領土を増やすことが当たり前という社会意識が形成されたのです。

前史（五〇〇年の植民地主義による収奪と蓄積）が資本主義の飛躍的発展を可能にしました。そうして形成・発展した資本主義が「一五〇〇年の植民地主義」の競争に突入し、世界を破壊するとともに、自らを破壊しました。〈文明〉と自称した〈野蛮〉のたどり着いた先が第二次大戦の悲劇的結末でした。他民族を踏みにじり、自民族も崩壊の危機に陥ったのです。

## 2　国民

大日本帝国憲法、教育勅語、徴兵令の下、皇民化教育を通じて日本国民の形成がなされました。天皇に服属する「臣民」としての国民形成でした。アイヌ民族は一八九九年の「北海道旧土人保護法」に見られるように「旧土人＝二級市民」とされました。沖縄県においても旧慣や方言の「撲滅」をはじめ、同化政策が進められました。沖縄の文化や言語ではなく、本土の日本文化と言語の強制の下に置かれ皇民化の圧力にさらされた人々は、ついに沖縄戦における「集団死」に追い込まれました。朝鮮民族に対する同化の強要は言うまでもありません。

近代国民国家の亜流として自由と人権抜きの「臣民」が東アジアを席巻しました。大日本帝国憲法第一八条は「日本臣民タル要件ハ法律ノ定ムル所ニ依ル」とし、臣民の範囲や資格は法律要件とされました。韓国併合に際して朝鮮民族を「臣民」に組み込んだ際に憲法改正は必要なかったのです。領土も国民も勝手に増やしていったのです。「学問のすすめ」とは「侵略のすすめ」でした。

## 3　主権

日本植民地主義法の形成期における主権は、天皇主権でした。大日本帝国憲法は「万世一系ノ天皇」の統治（第一条）、「天皇ハ神聖ニシテ侵スベカラズ」（第三条）、天皇元首制（第四条）、陸海軍統帥権（第一一条）など、絶対天皇制を定めました。大日本帝国憲法下の天皇制の性格については、後に美濃部達吉の天皇機関説をめぐる議論がなされましたが、権力的に弾圧されました。天皇の絶対的権力を定めた大日本帝国憲法は領土も臣民も定義せず、これらは伸縮自在であり、帝国主義的膨張を容易に可能にする憲法だったのです。

## 四　植民地主義法・イデオロギーの再編

日本国憲法前文第一段落は「諸国民との協和による成果」に言及し、「政府の行為によつて再び戦争の惨禍が起ることのないやうにすることを決意」するとしています。

憲法前文第二段落は、平和主義（恒久の平和を念願）、国際協調主義（平和を愛する諸国民の公正と信義に信頼）を前提にして、国際社会における「名誉ある地位」を願い、「全世界の国民が、ひとしく恐怖と欠乏から免かれ」ることを求めています。

憲法第一三条は個人の尊重と幸福追求権、憲法第一四条は法の下の平等を定めます。人種・民族その他の理由による差別を許さないので、戦争とファシズムによって被害を受けたアジアの人民への尊重が含まれると考えるべきです。

他方、日本国憲法には残念ながらレイシズムを助長する側面があります。大日本帝国憲法とその下での戦争とファシズムの遺産です。平和憲法は戦争への反省の成果ですが、脱植民地化がなされたとは言えません。憲法改正過程においてもその後の憲法解釈を見ても、植民地支配の検証がなされていません。

## 1　領土

日本国憲法には「領土」規定がありません。領土、国民、主権が国家の三要素と言われるように、憲法が適用される地理的空間的範囲を定めるのが普通です。

カイロ宣言は「朝鮮ノ人民ノ奴隷状態ニ留意シ軈テ朝鮮ヲ自由且独立ノモノタラシムル」とします。ポツダム宣言は「日本国ノ主権ハ本州、北海道、九州及四国並ニ吾等ノ決定スル諸小島ニ局限セラルヘシ」とします。

日本の領土を定めたのはサンフランシスコ条約です。条約第二条は朝鮮の独立、台湾、千島列島及び樺太の一部、国際連盟の委任統治領（南洋諸島）、新南諸島・西沙諸島への権利放棄などを定めました。

一九四六年の日本国憲法には領土規定がありません。日本領土は本州、北海道、九州、四国及び付属島嶼ですが、これはポツダム宣言に由来し、サンフランシスコ条約によって定められたのです。

第二次大戦後、琉球はさらに分割されました。アメリカによる軍事占領が行われたからです。ポツダム宣言第七項は「第六項の新秩序が確立され、戦争能力が失われたことが確認される時までは、我々の指示する基本的目的の達成を確保するため、日本国領域内の諸地点は占領されるべきものとする」とし、日本全土が連合国の間接占領下に置かれました。ところが沖縄は連合国の占領ではなく、米軍の単独占領下に置かれたのです。日本政府が沖縄を「わが国固有の領土」と考えたのであれば、その旨の表明をしておくべきでしたが、何もしませんでした。

ポツダム宣言及びカイロ宣言には、アメリカは領土拡張の念を持っていないこと、及び第一次大戦以後に日本が領有することになった太平洋の諸島を剥奪することが示されていました。

遡って一九四一年八月の大西洋憲章は米英の領土拡大意図を否定し、領土変更における関係国の人民の意思の尊重と、政府形態を選択する人民の権利を定めました。ところが沖縄占領が本土と異なる形態で始められ、長期にわたって継続し、事実上の植民地分割になりました。日本政府は抗議することなく、これに迎合したのです。これが後に「天皇メッセージ」につながります。

## 2　国民

日本国憲法前文はいきなり「日本国民」と始まり、日本国民が何度も登場しますが、誰が日本国民であるかを示しません。

憲法第一条は国民主権と言いますが、天皇と国民の関係を定めたものです。日本国民が誰なのかわかりません。憲法第一〇条は「日本国民たる要件は、法律でこれを定める」とします。大日本帝国憲法が「臣民」の定義を示さなかったのと同じです。憲法を見ても国民の内実は不明です。

一九四五年一二月一七日の衆議院議員選挙法改正によって実施された一九四六年四月一〇日の衆議院選挙に際して、沖縄県民の選挙権・被選挙権が停止されました。沖縄県選出議員の漢那憲和衆院議員は衆議院議員選挙法改正に反対して、「帝国議会に於ける県民の代表を失うことは、其の権利擁護の上からも、又帝国臣民としての誇りと感情の上からも、まことに言語に絶する痛恨事であります」と述べたと言います（古関彰一『平和憲法の深層』）。本土選出の衆議院議員は誰も改正に反対しませんでした。

一九四七年五月三日の日本国憲法施行前日である五月二日に外国人登録令が出されました。「国民主権」を定めた憲法施行直前に、昭和天皇最後の勅令によって旧植民地出身者の国籍が剥奪されたのです。天皇の命令によって「国民」の一部を「国民」から除外したのです。ここに日本レイシズムの重要な根拠があります。

憲法学は国民概念をどのように扱ってきたでしょうか。後藤光男は、憲法第一〇条の解釈において、憲法学が旧植民地出身者をどのように扱ってきたかを検証しています。定評ある憲法コンメンタールの有倉遼吉編『別冊法学セミナー基本法コンメンタール憲法』（日本評論社、一九七〇年〔樋口陽一執筆〕）には、沖縄住民の法的地位に言及がありますが、植民地出身者住民の法的地位についで何ら言及されていません。このコンメンタールは数次の改訂を重ねましたが、植民地出身者への言及がないままでした。宮沢俊義＝芦部信喜『全訂日本国憲法』（日本評論社、一九七八年）、法学協会編『注解日本国憲法上巻』（有斐閣、一九五三年）も同様です。

例外的に言及がなされた佐藤功『ポケット注釈全書憲法（上）［新版］』（有斐閣、一九八三年）は、サンフランシスコ講和条約で朝鮮に対する主権を放棄したから、国籍を失うことになったと解説しています。国籍選択権を無視しています。

まともに言及がなされたのは芹沢斉・市川正人・阪口正二郎編『別冊法学セミナー新基本法コンメンタール憲法』（日本評論社、二〇一一年［渡辺康行執筆］）であったと言います。渡辺康行は、平和条約に国籍条項が含まれていないのに、法務省通達によって植民地出身者の国籍を喪失させた措置は憲法違反であり、無効であるとする見解を紹介しています。後藤は、日本国憲法制定過程における国民をめぐる議論、及び国籍喪失の経過を詳細に検討した上で、「国籍法を全面改正した時に旧国籍法で国籍が認められた人々について、旧国籍を喪失されることは許されるものではない。旧植民地出身者には自己の意思によって国籍選択権を与えられるなどして法律できちんとした手続きを規定すべきであった」と述べます。

憲法学も植民地主義に貫かれていたと言うべきではないでしょうか。

絶対主義・軍国主義天皇制から象徴天皇制への転換に焦点を当てれば、戦後民主主義を語ることができますが、天皇制は延命しました。「神」から「人間」に横滑りし、極東国際軍事裁判（東京裁判）で裁かれることもありませんでした。「無責任の体系」は温存され、憲法第一条によって国民と天皇が結びつき、ナショナリズムの中軸となりました。このように日本国憲法にはレイシズムを助長する側面があり、レイシズムを克服する側面と矛盾しながら同居していないでしょうか（前章で見た田中利幸が詳しく論じています）。

日本列島が日本だという領土認識は、植民地の喪失と、その忘却の上に成り立っています。日本の「戦後」は「朝鮮」の消去の上にあります。半世紀をかけて膨張した日本が一九四五年の敗戦によって一気に日本列島に縮小しました。大日本帝国の領土が消去され日本列島だけに焦点が当てられ、植民地はあたかもなかったかのごとく扱われます。

植民地の忘却は、植民地時代に形成された日本社会の意識や体験の忘却を伴いました。妄想的な「五族協和」の興奮を忘れて「単一民族国家」というもう一つの妄想に逃げ込んだのです。旧植民地出身者は排除され、「大和民族・日本国籍の日本」がつくりだされました。多民族社会化した文化は「純粋」の日本文化に精錬され直します。歴史も記憶も意識も、すべて改編されます。

植民地支配の帰結としての在日朝鮮人や在日中国人への処遇は常軌を逸したものとなりますが、日本人の側にはこの社会が差別のない社会であるかのごとき幻想が蔓延しました。それを補強したのが憲法学だったのです。

憲法の「民主主義的側面」が救い出され、日本国民は自己免責を手にします。平和主義国家として再出発し、二度と戦争をしないと誓ったという「欺瞞」に安心して身を委ねました。アメリカの黒人差別や南アフリカのアパルトヘイトに眉を顰めながら、日本における民族差別には鈍感な態度が一般化しました。憲法前文と9条を隠れ蓑にして、日本レイシズムは延命したのです。

「戦後は終わった」、「戦後民主主義は虚妄だった」、「戦後レジームからの脱却」――何度となく語られながら、いまだ終わらない東アジアと日本の戦後の誕生の秘密を解明しなければ、終わらせ方の議論はできません。

第二次世界大戦後、日本国憲法を柱とする戦後改革を経験し、平和主義、国際協調主義、民主主義、自由主義の新生日本として再発足したはずです。植民地主義が「古層」にあるとしても、その上に七〇年間積み重ねられてきた民主主義の日本は植民地主義とは異なる社会をつくり、文化を育んできたのではないでしょうか。

平和憲法の下で七〇年を経た日本で、なぜ差別とヘイトが噴出しているのかを問うために、日本国憲法そのものを再考する必要があります。日本国憲法にはレイシズムを克服する側面と助長する側面が内在するのです。両者は無関係に同居しているわけではなく、相互に影響を与え、矛盾しあいながら同居しているのです。

日本植民地主義は、五〇〇年の前史の上に一五〇年の大日本帝国の歴史を積み重ね、さらに七〇年の現在の植民地主義として聳え立っているのではないでしょうか。

## 五　課題

現代日本法は植民地主義に貫かれているのではないか。リベラル派憲法学が、なぜあれほど頑なにヘイト・スピーチの刑事規制に反対するのか、その謎はこうして解明できます。

リベラル派憲法学とは平和主義・民主主義・国民主権・基本的人権という日本国憲法の基本原理を尊重、擁護し、さらに発展させようとして理論構築をしてきた憲法学を指します。安倍政権による改憲策動が続く現在も、憲法学の主流はリベラル派憲法学であり、憲法前文の平和的生存権や9条の戦争放棄を維持しようとする立場を貫いています。集団的自衛権を容認する安保法制反対の平和運動の現場で、最前線で闘った、私たちが尊敬する憲法学者達です。

ところがリベラル派憲法学のかなりの論客は、「〇〇人は死ね。殺せ」と叫ぶヘイト・スピーチの刑事規制に断固として反対します。表現の自由が大切だからヘイト・スピーチも表現の自由であり、刑事規制をすることには慎重でなければならないと言います。一見すると、近代西欧民主主義の要である表現の自由が強調されているように見えます。

しかしこれは「日本人マジョリティの表現の自由」にすぎません。「ヘイト被害を受けるマイノリティの表現の自由」は完全に無視されます。

リベラル派憲法学の多くはヘイト・スピーチが被害を生んでいることを認めません。言論は被害を生まないと述べて、ヘイト被害を受けるマイノリティの人間の尊厳を認めない学者がいるほどです。外見的リベラル派にすぎないのです。

レイシズムやヘイト・スピーチは民主主義そのものを攻撃します。レイシズムやヘイト・スピーチと民主主義は両立しません。民主主義を擁護するためにはヘイト・スピーチを刑事規制する必要があります。

日本社会において、朝鮮人、中国人、アイヌ民族、琉球民族などのマイノリティには「恐怖と欠乏から免れ、平和のうちに生存する権利」が保障されなければなりません。日本国憲法と国際人権法の基本的視座に立てば、「アジアの人民が日本社会でヘイト・スピーチを受けない権利」を正面から認め、保障するべきです。これが日本社会の脱植民地化の第一歩となるでしょう。

## 第二節　罅割《ひびわ》れた美しい国
### ――移行期の正義から見た植民地主義

### 一　「真実後」の政治

国際政治学者の細谷雄一は「政治の世界がおかしくなっている。いったい何が起きているのか」と問いかけ、アメリカの評論家ラルフ・キーズ（Ralph Keyes）の用語「真実後（ポスト・トルース）」に着目しました（『読売新聞』二〇一六年一〇月一六日）。

「今や政治の世界では、虚偽を語っても検証されず、批判もされない。真実を語ることはもはや重要でなくなってきている。／たとえ虚偽を語っても、それが『誇張』だったと弁明し、『言い間違い』をしたとごまかせば、許容される。政治家は、自らの正義を実現するために堂々と虚偽を語るようになった。今ではそれが、『スピン（情報操作）』として正当化され、日常化している。」

細谷によると「真実後」という言葉は二〇〇四年のキーズの著作で用いられ、二〇一〇年頃から政治の世界で使われるようになりました。例えば二〇一二年の米大統領選挙における共和党候補のロムニーが「真実後の政治（Post-truth Politics）」を駆使してオバマ批判を行いました。二〇一六年の米大統領選挙におけるトランプ候補の発言のモデルです。二〇一六年のイギリスにおけるEU離脱論争においても、離脱派が「真実後の政治」に打って出て、一定の支持を得たと言います。

「真実後の世界」では「虚偽が日常に浸透して真実は無力化し、人々は情緒的に重要な決定を行う」。細谷に学びながら、「真実後の政治」をもう少し広い視野で考えてみましょう。

まずアメリカ政治における「真実後の世界」が二〇〇四年や二〇一〇年という時期に生じたと見るのはナイーヴに過ぎないでしょうか。二〇〇一年の九・一一以後のブッシュ政権によるアフガニスタン戦争やイラク戦争は文字通り「真実後の世界」の出来事でした。九・一一を口実にしたアメリカの世界戦略の結果、百万単位の人々が家を失い、難民と化した事実を忘れるべきではないでしょう。

遡ればベトナム戦争のトンキン湾事件を誰もが思い出すことでしょう。いちいち事例を枚挙するまでもなく、アメリカ政治はもともと「真実後の世界」にあったのです。アメリカ政治が、一方では情報公開や透明性という言葉で特徴づけられる面を持ちながら、他方ではCIAや米軍による秘密活動に牽引されてきたことは常識でしょう。

日本はどうでしょうか。原発にしても、歴史認識問題にしても、TPPにしても、沖縄の米軍基地にしても、日本政治は「真実後」の暗闇で動き続けてきたように見えます。放射能の危険性を隠匿し、地域住民に情報提供することなく進められた原発建設。科学的知見に基づかず、空中楼閣でしかなかった「原発安全神話」。福島原発事故時の政府対応における虚偽と隠蔽（ＳＰＥＥＤＩの情報隠しはその一例）。三・一一以後の原発再稼働政策も虚偽と隠蔽以外の何物を含んでいるのか検証されたことがありません。

歴史認識問題における「真実後の政治」を推進してきたのがモリ・カケ・サクラの安倍晋三首相ですが、それは安倍政権に始まったわけではないでしょう。国民から情報を隠すのは日本政治そのものです。藩閥政治や軍閥の時代にとどまらず、戦後の日本国憲法体制の下でも、貧しい情報公開、知る権利の否認、情報操作、市民的表現への抑圧は常態であって、異例ではありません。私たちは常に「真実後の世界」に生きてきたのではないでしょうか。

## 二　倒錯のファンタジー

### 1　被害者に押し付ける寛容

「真実後の政治」の技法は多様です。合法非合法を含め、あらゆる技法が駆使されますが、必ずしも秘密裏に行われるわけではありません。細谷が述べるように、「自らの正義を実現するために堂々と虚偽を語る」技法も開発されました。

近代国家の戦争は軍事的合理主義に基づいて遂行されますが、同時に戦争と破壊を賛美する非合理主義的なファンタジーに根差しています。自国の歴史と文化を誇り、自民族の優越性を高らかに歌い上げ、祖国愛と勇気に貫かれたナショナリズムが配備されます。「敵／味方」思考は「殲滅すべき敵」を仮設し、正義と慈愛にあふれる味方の物語を構築します。正義と慈愛にあふれる味方は寛容の精神を発揮することもできます。「寛容なるわれわれ」意識を身につけることで優位に立ったと思いこめる精神は、「不寛容な敵」に寛容を説く権利を自らに付与するのです。

靖国合祀の論理は「寛容なるわれわれ」の彼方に立ち現れます。靖国合祀に反対する迷妄に対して宗教的寛容を説く倒錯が可能となります。安倍流「美しい国」では、加害者が被害者に寛容を説くことが当たり前になるのです。

## 2　被害者に押し付ける和解

被害者に寛容を押し付ける社会は、被害者に和解を強要します。加害者の誠実な謝罪を前にした赦しと和解は記憶の彼方に遠ざけられます。被害者に和解を迫る喜劇的悲劇を、加害国の側ではなく、被害国の側で演じたのが『帝国の慰安婦』という「文学」です。

『帝国の慰安婦』に癒しを見出したのが、加害国側のニセ・リベラル派です。二〇一五年一一月に「知識人」声明は勇気凛々と『帝国の慰安婦』を擁護し、さらに一歩前に出て被害事実を全面否定しました。主導したのが倒錯した自称「フェミニズム」です。

「慰安婦」問題の歴史の事実を否定・歪曲する歴史修正主義の延長上に、『帝国の慰安婦』による名誉毀損の被害事実を否定・歪曲するもう一つの歴史修正主義が登場し、倒錯のファンタジーが完結します。

## 3　防衛的ヘイト・クライム

排外主義とヘイト・クライム／スピーチの社会心理学は「防衛的ヘイト・クライム」という現象に焦点を当てます。

カリフォルニア・ルーテル大学のヘレン・アン・リンは、論文「直接被害を越えて――ヘイト・クライムをメッセージ犯罪として理解する」において、「ヘイト・クライム／スピーチは、被害者及びそのコミュニティを脅迫するためのメッセージ犯罪である。」と述べたうえで、加害と被害の関係を「防衛的ヘイト・クライム」という特徴で理解します。

「アメリカ公民権委員会によると、ハラスメントは『移動暴力』という共通の形態をとる。近所で、特に中産階級のアジア系アメリカ人が居住する郊外住宅地で発生することが多い。卵を投げる、石で窓を割る、銃で窓を割る、火炎瓶を投げるなどである。レヴィンとマクデヴィッドはこれを『防衛的ヘイト・クライム』と呼んでいる。白人が多く住む地域に引っ越してきた黒人家族、アジア系の友人とデートした白人女学生、最近職にありついたラテン系の人が狙われる。防衛的ヘイト・クライムは『出て行け。お前たちは歓迎されていない』というメッセージを送るためになされる」と言います（前田朗『ヘイト・スピーチ法研究序説』二八二頁）。

他者の存在と尊厳を否定し、社会から排除し、生命を奪う激烈な犯罪がヘイト・クライムであり、加害者は自分や社会を守るという「防衛的ヘイト・クライム」の意識を有するのです。そうした口実で自分の行為を正当化しようとします。加害者が「被害者」になり、本当の被害者を難詰するのです。

日本におけるヘイト・クライム／スピーチも「在日特権」、「日本人が被害者である」という倒錯に一つの根拠を見出しています。

## 三　移行期の正義を考える

### 1　移行期の正義とは

戦争を平和と呼び、立憲主義や民主主義という価値理念を葬り去る現実政治に抗して、真実と正義を求める国際的努力に学び直すことが喫緊の課題です。植民地主義を克服するための闘いは世界中で続いています。

国連人権理事会における真実和解委員会に関する研究に学びましょう。二〇一一年九月二七日の人権理事会決議一八／七に従って、「真実、正義、補償、再発防止保障の促進に関する特別報告者」が設置されました。

決議は、国連人権小委員会の一九九七年の不処罰と闘う行動を通じての人権保護原則に関する決議や、二〇〇五年の国連人権委員会の同原則改訂版に言及し、二〇〇五年一二月一六日の国連総会「国際人権法の大規模違反及び国際人道法の重大違反の被害者の救済と補償への権利に関する基本原則とガイドライン」を想起し、重大人権侵害に対処する戦略を実施するのに考慮されるべき諸条件を明らかにする必要性を指摘し、包括的なアプローチ（加害者訴追、補償、真相解明、制度改革、責任、癒しと和解等々）の重要性を指摘します。

決議に基づいて二〇一二年に任命されたパブロ・デ・グリーフ（Pablo de Greiff）報告者が研究活動をしてきました（関連文献につき本章末尾参照）。

## 2　国連人権理事会特別報告書

### 真実への権利

デ・グリーフ特別報告者はニューヨーク州立大学哲学准教授で、二〇〇一年から「移行期司法のための国際センター」研究局長でした。民主主義、民主主義理論、道徳・政治・法の関係に関する研究をし、関連著書を出しています。デ・グリーフ報告者の最初の報告書（A/HRC/24/42. 28 August 2013）を見てみましょう。

デ・グリーフ報告者は、真実委員会のような真相解明機関は、強制失踪保護条約や「国際人権法の大規模違反及び国際人道法の重大違反の被害者の救済と補償への権利に関する基本原則とガイドライン」にも導入されており、国連人権理事会は不処罰を終わらせるための寄与という文脈に真実への権利を位置づけたと言います。

地域レベルでも、米州人権委員会と米州人権裁判所は、被害者や親族が真実を知る権利について検討しました。米州人権委員会は、一九八六年公表の『年次報告書』において「どの社会も過去の出来事について、異常な犯罪が行われるにいたった動機や条件について、真実を知る不可譲の権利を有する」と述べています。米州人権裁判所は、二〇一二年一一月二五日の「ミルナ・マック・チャン対グアテマラ事件判決」において「被害者の親族や社会全体として、当該違反と結びついて生じたすべてのことについて知らされねばならない」と述べています。アフリカ人権委員会も、アフリカ人権憲章違反についての救済に関連して同じことを述べています。欧州人権裁判所も、二〇一二年一二月一三日、「エル・マスリ対旧ユーゴスラヴィア事件判決」において同様のことを述べています。

## 真実和解委員会の諸問題

デ・グリーフ報告者によると、この二〇年間に様々な真実和解委員会が組織されました。国家が設置した委員会もあれば、非公式のものや、被害者・被害者団体など市民社会による委員会もあります。

真実和解委員会は通例、時期限定のアドホックな制度であり、確立した制度枠組みがあるわけではありません。一九八〇年代以後、四〇以上の実例があります（プリシラ・ハイナー『語られざる真実――移行期の司法と真実和解委員会の挑戦』ラトリッジ出版（英文））。

まず議論されるべきは、委員会委員の道徳的立場、社会的混乱や激変の後に設置されること、取り上げるテーマが基本的権利に密接に関連すること、合理的で一貫した方法論、市民社会への公開、「被害者中心」アプローチです。

成功した真実和解委員会は、例えば次のような成果を上げています。

①被害者に「声」を与え、被害者をエンパワーします。被害者に自分の物語を語る場（公聴会等）を提供できます。とりわけ社会的に周縁化された集団メンバーには大きな意味があります。

②社会統合を促進する。残虐行為が行われたことの公的認知が恨みや不信の循環を終わらせます。

③改革課題の設定を行います。

④移行期司法のその他の措置に関する情報を提供します。

デ・グリーフ報告者は真実、正義、補償、再発防止の保障の関連について言及します。真実はきわめて重要ですが、ただちに正義や補償につながるわけではありません。それらを実施させるには、国内的義務と国際的義務や、道徳や政治的理由が関連します。従って個別に探究するよりも包括的手法が望ましいのです。

## 任務

真実和解委員会の任務をめぐって論争があります。どのような任務を設定するかの争いが、結論に多大な影響を与えるからです。デ・グリーフ報告者は、各種の事例をもとに任務に関する困難を五つに分けます。第一に委員会活動の期間、第二に調査するべき対象の期間の設定、第三に調査するべき違反行為、第四に委員会の機能、第五に委員会の目的です。

期間について見ると、南アフリカ真実和解委員会を例外として、一九八〇～九〇年代の真実和解委員会は一年か一年未満でした。アルゼンチン（九カ月）、チリ（六カ月、三カ月延長可）、エルサルバドル（六カ月）、グアテマラ（六カ月、六カ月延長可）、南アフリカ（二四カ月）です。最近の事例では一年を超える例や、三年の例もあります。

調査対象期間の設定について見ると、残虐行為のパターンは様々であり、一律ではありません。その発生、中断、残虐行為の体制崩壊の経過によって定まります。アルゼンチン（七年）、シエラレオネ（一一年）、エルサルバドル（一二年）、長い間隔を置いて設置されたものとしては東ティモール（二五年）、南アフリカ（三四年）、グアテマラ（三四年）、モロッコ（四三年）、ケニア（四四年）があります。

第三に調査対象ですが、それぞれ実際に起きた事例によって異なるので、デ・グリーフ報告者は代表例を示しています。アルゼンチン強制失踪委員会は、失踪や誘拐を調査しました。エルサルバドル真実委員会は、一般的な任務で、失踪、司法外殺人、虐殺です。南アフリカ真実委員会は、「重大人権侵害」で、具体的には殺人、誘拐、拷問、虐待、それらの未遂、共謀、煽動などです。東ティモール暫定行政機構規則は、国際人権法違反、国際人道法違反、犯罪行為を対象としました。リベリア真実和解委員会は、「人権侵害」として、国際人権法違反と国際人道法違反で、虐殺、性暴力、殺人、司法外殺人、経済犯罪などが含まれます。

デ・グリーフ報告者はジェンダーの考慮に言及します。重大人権侵害の中には女性の権利に対する侵害事例が多いからです。初期の真実和解委員会は「ジェンダー・ブラインド」であり、配慮に欠け、女性の権利を適切に扱うことができませんでした。ペルー真実和解委員会は専門のジェンダー局を設け、報告書全体にジェンダー観点を導入した重要な先例です。シエラレオネ、シベリア、東ティモールの真実和解委員会も女性と子どもの権利に配慮するようになったと言います。(ナーラ・ヴァルジ、ロミ・シグスワース、マリー・ゲッツ『チャンスの窓――女性のための移行期司法の活動をつくる』国連―女性出版(英文))。

## 真実発見機能

真実和解委員会には真実発見機能、予防機能、被害者救済機能など様々な機能がありますが、それぞれの真実和解委員会の条件によってどの点に焦点があてられるかは異なります。

デ・グリーフ報告者によると、最も基本的な機能は真実発見機能です。アルゼンチン真実和解委員会は文字通り真実発見機能を基本としました。そこから被害者追跡探索機能が生まれてきます。この種の重大犯罪では真実発見が困難に直面することが多いのです。アルゼンチン真実和解委員会は、任務に含まれていなかった司法制度改革と被害者家族の財政支援を唱えました。真実和解委員会は、被害者救済機能や予防機能、制度改革提案機能を有するようになりました。真実発見機能や被害者追跡機能とは違って、被害者救済機能や予防機能は単に潜在的可能性にとどまります。

真実発見機能も多様で複雑になってきました。アルゼンチン真実和解委員会は真実発見だけが任務でしたが、チリ真実和解委員会は「最も重大な人権侵害についての真実を包括的に明らかにすること」、南アフリカ真実和解委員会は「重大人権侵害の性質、原因、程度の事態をできる限り完全に明らかにすること」、ペルー真実和解委員会は「ペルーが経験した悲劇的な暴力状況をもたらした政治的社会的文化的条件および行動を分析すること」、リベリア真実和解委員会は

「重大人権侵害の性質、原因、程度、その根源、情況、要因、文脈、動機」を調査することでした。ケニア真実和解委員会は「国家や公的機関によって人々に加えられた人権侵害と経済的権利の侵害の正確で、完全な、歴史的記録を確認すること」が任務とされ、被害者の観点を示し、実行責任者の動機、並びに事態の完全な解明を掲げました。

## 3　東アジアにおける移行期の正義

移行期の正義の観点から東アジアを見てみましょう。東アジアでも移行期の正義を語るべき事例は数多くあります。東アジアにおける国際法違反の軍事行動、侵略、植民地支配、軍事独裁などの国家暴力の歴史を丹念に追跡し、検証する必要があります。日本、朝鮮半島、台湾、中国、フィリピンにおける国家暴力や、時に噴出してしまった民衆暴力の実相を解明する作業は大きな成果を挙げましたが、なお十分とは言えません。

各国の研究者やNGOには、自国における移行期の正義の議論を展開するとともに、東アジア全体における移行期の正義を語ることが求められます。何よりも近現代日本における／日本による戦争と植民地支配の歴史と、その未清算の問題が重要です。

9条制定時には真実和解委員会も移行期の正義も議論されていませんでしたが、本来であれば、正面から検討されたはずの事項を確認しておきましょう。近現代日本における／日本による戦争と植民地支配の歴史は複雑かつ多様ですが、重要事項を列挙するならば例えば次のようなテーマが考えられます。

①アイヌモシリ（北海道）に対する侵略とアイヌ先住民族に対する差別。
②琉球王国に対する侵略（琉球併合）、植民地化、その下での琉球人民に対する差別。
③台湾に対する侵略と植民地化、その下での台湾人民（原住民を含む）に対する虐殺と差別。
④大韓帝国に対する侵略と植民地化（韓国併合）、その下での朝鮮人民に対する虐殺と差別（東学農民運動、三・一独立運動に対する弾圧等）。
⑤中国東北部に対する侵略と傀儡政権（満州国）の樹立。
⑥中国に対する長期にわたる侵略戦争及び占領（略奪、虐殺等）。
⑦フィリピンに対する侵略と虐殺。
⑧その他東南アジアおよび太平洋諸島に対する侵略、占領、植民地支配等。
⑨以上の諸事例についての戦後における未清算問題。

## 四　移行期の正義と植民地支配犯罪

東アジアにおける移行期の正義を日本に即して語る場合、大きく分けると戦争問題（戦争と占領の後の戦後賠償と戦争責任）と植民地問題があり、それぞれ解明した後に総合する作業が必要となります。第二次大戦後の連合国の戦後処理は主として戦争問題に限定されました。東京裁判もサンフランシスコ条約もその後の二国間賠償も、基本的に戦争問題の処理でした。

一九九〇年代以後の日本における戦後補償運動は大きな成果を挙げましたが、戦後補償や戦争責任が語られました。植民地問題が戦争問題のなかに含められ、両者が混同させられた面がないとは言えません。世界的なポスト・コロニアリズムの流れに呼応して、日本でも「継続する植民地主義」という問題が登記され、理論成果を積み上げてきましたが、十分とは言い難いのが現状です。ここでは植民地支配犯罪論を垣間見ることにしましょう。

## 1　植民地支配犯罪とは

### 国連国際法委員会の議論

第二次大戦後に行われたニュルンベルク裁判及び東京裁判の後、国際刑事裁判の普遍化が求められ、徐々に国際刑法が整備されてきました（本書第2章第三節参照）。

国連国際法委員会は一九五〇年代から、戦争犯罪や人道に対する罪の法典化の議論を継続しましたが、なかなか進捗しませんでした。

一九八二年、ドゥドゥ・ティアムが特別報告者に任命されました。ティアム特別報告者は精力的に研究を進め、この後九本の報告書を作成し、国連国際法委員会に提出しました。ここに「植民地支配犯罪」の名称が入ったのです。

ティアム特別報告者が一九九一年の国際法委員会第四三会期に提出した報告書には一二の犯罪類型が含まれました。侵略（草案第一五条）、侵略の脅威（第一六条）、介入（第一七条）、植民地支配及びその他の形態の外国支配（第一八条）、ジェノサイド（第一九条）、アパルトヘイト（第二〇条）、人権の組織的侵害又は大規模侵害（第二一条）、重大な戦争犯罪（第二二条）、傭兵の徴集・利用・財政・訓練（第二三条）、国際テロリズム（第二四条）、麻薬の違法取引（第二五条）、環境の恣意的重大破壊（第二六条）です。

第一八条（植民地支配及びその他の形態の外国支配 colonial domination and other forms of alien domination）は次のような規定です。

「国連憲章に規定された人民の自決権に反して、植民地支配、又はその他の形態の外国支配を、指導者又は組織者として、武力によって作り出し、又は維持した個人、若しくは武力によって作り出し、又は維持するように（to establish or maintain by force）他の個人に命令した個人は、有罪とされた場合、……の判決を言い渡される。」

①人民の自決権に違反することが明示されています。国連憲章第一条第二項や、一九六六年の二つの国際人権規約共通第一条には人民の自決権が明記されています。

②「植民地支配、又はその他の形態の外国支配」という文言が採用されています。「植民地支配」の定義は示されていませんが、人民の自決権という内実が示されていると理解できます。

③犯罪の実行主体は「指導者又は組織者」として一定の行為をした個人とされています。指導者又は組織者には、政府中枢部の政治家、高級官僚、軍隊指揮官などが入ると思われます。

④実行行為は「武力によって作り出し、又は維持した個人、若しくは武力によって作り出し、又は維持するように他の個人に命令した」とされています。植民地状態の創出、植民地状態の維持、及びそれらの命令です。植民地状態の創出は、他国を植民地化する計画をつくり、その計画を実施するために軍事的行動を行ったことを意味します。

⑤刑罰は空欄となっています。ニュルンベルク・東京裁判では死刑と刑事施設収容(終身刑を含む)が適用されました。国連総会は一九八九年に死刑廃止条約を採択したので、終身刑以下の刑事施設収容刑が想定されます。

ところが一九九五年の国連国際法委員会第四七会期は、法典に盛り込まれるべき犯罪を大幅に削除すると決定しました。残されたのは、侵略(第一五条)、ジェノサイド(第一九条)、人権の組織的侵害又は大規模侵害（第二一条）、重大な戦争犯罪（第二二条）だけです。植民地支配（第一八条）は保留とされ、最終的に削除されました。一九九六年の「人類の平和と安全に対する罪の法典草案」を経て、一九九八年の国際刑事裁判所（ICC）規程に盛り込まれたのは侵略の罪、ジェノサイド、人道に対する罪、戦争犯罪という四つの犯罪類型です。植民地支配犯罪の法典化の試みはいったん頓挫しました（詳しくは前田朗「植民地支配犯罪論の再検討」『法律時報』八七巻一〇号、二〇一五年）。

## ダーバン会議以後の議論

二〇〇一年のダーバン人種差別反対世界会議の際に、NGO宣言は「植民地支配は人道に対する罪であった」と明記しました。

国家間会議において議論が継続されましたが、旧宗主国・欧米諸国の反対により「植民地時代の奴隷制は人道に対する罪であった」とするにとどまりました。国際刑法の諸規定では、奴隷制は人道に対する罪に当たりますが、国連が「奴隷制は人道に対する罪であった」と認定したのは初めてです。ただ「植民地支配は人道に対する罪であった」という主張は国連の認定とはなりませんでした。植民地支配犯罪論は未発のままにとどまりました。その後、国連では「ポスト・ダーバン戦略」が討議されましたが、アメリカ、EU、日本は後ろ向きの姿勢を取り、ダーバン宣言が十分活用されているとは言えません。

民衆レベルでは世界的議論が続けられています。歴史学、文学、法学など多様な研究分野でポスト・コロニアリズム研究が進み、新植民地主義批判、ヘイト・スピーチとの闘いは世界的課題であり続けています。「慰安婦」に対するヘイト・スピーチのようなホロコースト否定発言への対処も世界的に議論されています。

植民地犯罪概念の導入は頓挫しましたが、その後の議論の中で人道に対する罪やジェノサイドの概念に植民地犯罪概念の実質を読み込む作業が継続されました。人道に対する罪やジェノサイドは、戦争犯罪とは異なり、必ずしも武力紛争要件を必要としないからです。二〇一七年に国連国際法委員会は「人道に対する罪処罰条約案」を作成しています（前田朗「人道に対する罪防止条約のために」『社会評論』一九四号、二〇一九年参照）。

## 2　植民地主義に向き合うために
### ——日本軍「慰安婦」問題の場合

移行期の正義と植民地支配犯罪論を重ねると、東アジアにおける日本における／日本による戦争と植民地支配の歴史の基本的性格を位置づけ直すことができます。日本軍性奴隷制問題に即して最低限必要なコメントを付しておきましょう（文献につき本章末尾参照）。

第一に、真実への権利です。「慰安婦」問題が浮上した一九九〇年代、何よりも真実発見が重要でした。日本政府は事実を否定しようとしましたが、歴史学者や支援団体の調査によって次々と事実が明るみに出て、アジア各地から被害者が名乗り出て、事態が明らかになっていきました。それが河野談話や村山談話につながったのです。しかし一九九〇年代後半から現在に至るまで、真実を闇に葬り去るための策動が続いています。

第二に、国際社会では四〇を超える真実和解委員会の実例があります。「慰安婦」問題について、研究者、被害者団体その他の民間団体による多くの調査がありますが、公的な真実和解委員会は設置されませんでした。日本政府は内部的調査を行い、河野談話と村山談話を出したものの、「アジア女性基金」で幕引きを図りました。本格的な調査は行われず、情報公開も不十分でした。国家責任を逃れるためのアジア女性基金政策が破綻したのは当然です。二〇一五年、真実を犠牲にした日韓「合意」が強行されましたが、ただちに破綻しました。

他方、国連人権委員会のラディカ・クマラスワミ「女性に対する暴力特別報告書」及び人権小委員会のゲイ・マクドゥーガル「戦時性奴隷制特別報告書」が、国連人権機関レベルにおける真実発見機能を果たしたと言えます。民間における調査・研究は今日に至るまで長期的に行われています。特に二〇〇〇年に東京で開催された「日本軍性奴隷制を裁く女性国際戦犯法廷」は民衆法廷という形態の真実和解委員会と言えるでしょう（前田朗『民衆法廷入門』参照）。

第三に、委員会の期間です。初期の真実和解委員会は短期間でした。日本政府はごく短期間の内部調査しか行わず、重要な関連資料を明らかにしませんでした。形式的に調査したアリバイだけを残して、真相を闇に葬る「調査」でした。民間における調査・研究は長期にわたりました。九〇年代における調査は女性国際戦犯法廷に取り入れられ、大きな前進を実現しました。

第四に、調査対象期間です。アルゼンチンが七年、ケニアの場合は四四年と言います。「慰安婦」問題は一九三〇年代から一九四五年までの一五年と言えるでしょう。もっとも軍慰安婦以前からの近代日本における性奴隷制という観点ではもっと長期にわたる調査が必要です。

デ・グリーフ報告者は言及していませんが、対象期間と調査機関との間の時間の隔たりも見ておく必要があります。南アフリカ真実和解委員会は、アパルトヘイト体制終了後に比較的短期間で開始されました。東ティモールも同様です。「慰安婦」問題は、被害女性が半世紀の沈黙を破ったことから調査が始まった点で大きな特徴があります。旧ユーゴスラヴィアやルワンダの悲劇と異なり、被害時期と調査時期の間の大きな隔たりが調査を困難にしたのです。

「慰安婦」問題について、いかなる形態の機関によって真相解明が行われるべきだったのか、一九九〇年代初期には十分な議論がなされませんでした。日本政府にどのような調査をさせるべきかの議論も不十分でした。内閣部局が調査に当たりましたが、朝鮮総督府、内務省、陸軍・海軍などの全体的な資料調査を十分に行いませんでした。法務省や裁判所も調査に協力しないため、国外移送目的誘拐罪の判決があることさえ、いまだに日本政府は認めていません。被害女性と支援団体が東京地検に告訴・告発しようとした時に、東京地検はこれを不受理としました。

一九九〇年代、日本社会には真実和解委員会という発想はなかったと思います。ラテンアメリカ諸国における真実和解委員会の実践に関する知識がなかったためです。グアテマラ真実和解委員会の成果が紹介され、南アフリカ真実和解委員会が動き出したニュースが流れたのはやや後の事だったように思います。韓国の過去事整理委員会の活動も後に始まりました。現在では多くの成果を基に考えることができますが、一九九〇年代初頭にそのような発想を持てなかったのは私たちの限界でした。

## 五　「真実前」の政治——暴走するフェイク・ジャパン

### 1　「真実前」の政治

冒頭に見た通り、細谷は二一世紀アメリカにおける「真実後の政治」を語ります。その意図はよくわかります。

しかし以上述べてきたように、東アジアにおける戦争と植民地支配の歴史、及び今日に至る未清算の現実に向き合うならば、私たちが置かれている状況は「真実前の政治（Pre-truth politics）」ではないでしょうか。「真実前」か「真実後」かは言葉の綾に過ぎないかもしれませんが、「真実後」であるならば、少なくとも一度、私たちは真実の世界に身を置いたことになります。

近現代日本の歴史を虚偽と隠蔽の歴史だけと決めつけるべきではないかもしれませんが、移行期の正義と植民地支配犯罪論を踏まえて検討するならば、私たちは一貫して「真実なき政治」の世界に身を浸してきたと見るべきでしょう。「戦争では真実が最初の犠牲者となる」という警句があります。一五〇年に及ぶ日本の戦争と植民地支配の歴史（未清算の歴史）を通じて、真実はおぼろげにでも姿を現したことがあったでしょうか。靖国の思想を嬉々として演じているこの国の政策決定エリートと人民が倒錯のファンタジーの世界の住人でないと、誰が言えるでしょうか。

## 2　暴走するフェイク・ジャパン

以上は、二〇一六年の靖国シンポジウムにおける私の報告です。その後四年の歳月が流れたので、若干の補足を行っておきます。

二〇一六年当時、フェイクとポスト・トゥルースはメディアや研究者の間で用いられた言葉でしたが、直ちに人口に膾炙し、フェイクは流行語になりました。フェイク・ニュースを世界的な流行語にしたのはトランプ大統領ですが、日本では国家権力によるフェイクが次々と明るみに出ました。

第一に、安倍晋三政権のフェイクぶりは「息をするように嘘をつく」、「一日一嘘」と言われるほど「生理現象化」しました。「病理の常態化」です。アベノミクスの嘘、歴史認識の嘘、森友加計問題における嘘、南スーダン自衛隊日報問題の嘘、厚労省の労働統計偽装、桜を見る会の嘘、黒川検事長問題の嘘——信じがたい虚偽の発覚が年中行事と化しました。政治家も官僚もひたすら嘘と弁明に励みます。安倍首相自身による嘘や、「忖度」の嘘を積み重ね、天にも達するような嘘の宮殿が築き上げられています。嘘が発覚しても隠蔽とすり替えによって誰も責任を取らず、嘘がまかり通ります。フェイク・ジャパンの威容は他の追随を許さず、「反真実の政治（Anti-truth politics）」に転化しています。

第二に、日本資本主義を支える大企業の嘘と偽装です。東京電力等の電力業界の原発事故隠しは何度も発覚しました。東芝は企業存続の危機に陥りました。三菱自動車のリコール隠し、燃費試験不正問題、マツダの整備費架空請求・品質検査データ不正、神戸製鋼の鋼材強度改竄・アルミ製品データ改竄、関西電力の賄賂事件等々——枚挙にいとまのない事件が続々と露呈しました。日本資本主義とは偽装資本主義の別名です。

第三に、フェイクとポスト・トゥルースは単に政治家の利権漁りや官僚の無能ぶりを証明するだけでなく、社会的弱者に多大の被害を生み出します。マイノリティを踏みつけにする過程で嘘が重用されます。

日本軍性奴隷制の被害女性に対する誹謗中傷、徴用工問題における責任逃れと二枚舌、韓国人靖国合祀訴訟における傲慢と無責任、朝鮮高校無償化除外問題における差別、在日朝鮮人・韓国人に対するヘイト・スピーチ——こうして日本社会全体の「アベシンゾー化」が加速しました。自由や正義といった価値が無効化され、思想が壊死状態となっています（鵜飼哲・岡野八代・田中利幸・前田朗『思想の廃墟から』参照）。歴史改竄と責任逃れの常態化がフェイク容認社会の条件となっているのではないか。現在もなお日本社会を貫いている植民地主義の克服が必須です。

第四に、二〇一九年春の天皇代替りキャンペーンです。平成天皇となった明仁の「退位メッセージ」に始まり、改元（平成から令和へ）、即位の礼へと進められた政府と翼賛マスコミによる祝典キャンペーンは、虚妄の歴史と伝統を誇り、皇族を「人格者」として崇め奉り、国民統合を強力に推進しました。しかし天皇制は民主主義と相容れず、身分差別を社会に押し付ける制度ですから、常に矛盾をさらけ出すことになります。

第五に、安倍政権のフェイク総仕上げとしての「改憲」問題が改めて浮上します。日本国憲法前文の平和的生存権や9条の戦争放棄・軍隊不保持にもかかわらず、自衛隊と在日米軍という法外な嘘を積み重ねた挙句、専守防衛をかなぐり捨てて集団的自衛権行使に道を開き、世界のどこでも戦争できる自衛隊をめざす「改憲」です（本書第1章）。

フェイク・ジャパンが暴走しています。マイノリティを抑圧するだけではなく、周辺諸国にも被害を及ぼします。日本に民主主義を取り戻すため、市民社会の課題は実に大きいのです（高橋哲哉・前田朗『思想はいま何を語るべきか』参照）。

〈参考文献〉


後藤光男『永住市民の人権』（成文堂、二〇一六年）
岩崎稔・中野敏男編『継続する植民地主義』（青弓社、二〇〇五年）
中野敏男他編『沖縄の占領と日本の復興――植民地主義はいかに継続したか』（青弓社、二〇〇六年）
永原陽子編『植民地責任論』（青木書店、二〇〇九年）
徐勝・前田朗編『文明と野蛮を越えて――わたしたちの東アジア歴史・人権・平和宣言』（かもがわ出版、二〇一一年）
木村朗・前田朗編『二一世紀のグローバル・ファシズム』（耕文社、二〇一三年）
前田朗『ヘイト・スピーチ法研究序説』（三一書房、二〇一五年）
木村朗・前田朗編『ヘイト・クライムと植民地主義』（三一書房、二〇一八年）
鵜飼哲・岡野八代・田中利幸・前田朗『思想の廃墟から』（彩流社、二〇一八年）
高橋哲哉・前田朗『思想はいま何を語るべきか』（三一書房、二〇一八年）

＊真実和解委員会について。

歴史的記憶の回復プロジェクト『グアテマラ虐殺の記憶──真実と和解を求めて』（岩波書店、二〇〇〇年）

プリシナ・ヘイナー『語りえぬ真実──真実委員会の挑戦』（平凡社、二〇〇六年）

阿部利洋『紛争後社会と向き合う──南アフリカ真実和解委員会』（京都大学学術出版会、二〇〇七年）

阿部利洋『真実委員会という選択──紛争後社会の再生のために』（岩波書店、二〇〇八年）

アレックス・ボレイン『国家の仮面が剥がされるとき──南アフリカ真実和解委員会の記録』（第三書館、二〇〇八年）

杉山知子『移行期の正義とラテンアメリカの教訓』（北樹出版、二〇一一年）

＊「慰安婦」問題について私が関与したものに限る。

荒井信一・西野留美子・前田朗『従軍慰安婦と歴史認識』（新興出版社、一九九七年）

前田朗『戦争犯罪と人権──日本軍「慰安婦」問題を考える』（明石書店、一九九八年）

ラディカ・クマラスワミ『女性に対する暴力』（明石書店、二〇〇〇年）

ゲイ・マクドゥーガル『戦時性暴力を裁く』（凱風社、二〇〇〇年）

前田朗『人道に対する罪』（青木書店、二〇〇九年）

日本軍「慰安婦」問題ｗｅｂサイト制作委員会編『性奴隷とは何か』（お茶ノ水書房、二〇一五年）

西野瑠美子・小野沢あかね編『日本人「慰安婦」』（現代書館、二〇一五年）

前田朗編『「慰安婦」問題の現在──「朴裕河現象」と知識人』（三一書房、二〇一六年）

前田朗編『日本軍「慰安婦」・日韓合意を考える』（彩流社、二〇一六年）

# 第4章　ピース・ゾーンの思想

## 第一節　軍隊のない国家研究

### 一　非軍事化を求めて

「9条は世界で唯一の平和憲法」という言葉が平和運動の現場で語られてきました。憲法前文の平和的生存権と9条の戦争放棄と戦力不保持が重要な条項であることは言うまでもありません。

しかしブルンジ憲法をはじめとして、平和権規定は他にいくつも存在します（前田朗「ブルンジ憲法の平和的生存権」『世界へ未来へ9条連ニュース』二五四号、二〇一六年、及び本書174、188頁参照）。

戦争放棄憲法ならイタリア憲法などが代表例です。軍隊不保持憲法はリヒテンシュタイン、コスタリカ、キリバス、パナマにもあります。軍隊のない国家は多数あります（前田朗『軍隊のない国家』）。

日本国憲法は、前文で平和的生存権という積極的平和主義を、9条で戦争放棄と軍隊不保持という消極的平和主義を掲げました。全体を構造的に把握する必要があります。

二〇〇五年四月、ジュネーヴの国連欧州本部で開催された国連人権委員会（当時。後に人権理事会に改組）の折、会議室で「軍隊のない国家二七カ国」というセミナーが開かれました。「二七カ国って……本当にそんなにあるのか。ヴァチカン、アンドラ、リヒテンシュタイン、コスタリカ、パナマ、モナコ……」と指折り数えながら会場に向かいました。講師はクリストフ・バーベイでした。「軍縮を求める市民協会」の運動家でスイス人です。バーベイは軍隊のない国家二七カ国の事例を紹介し、その歴史、地理的条件、文化をさらに研究する必要性を説きました。

同年七月、無防備地域宣言運動の仲間とともに、バーベイを日本に招いて横浜や京都で講演してもらいました。二〇〇八年五月に開催された「9条世界会議」にバーベイに来てもらい、軍隊のない国家について報告してもらいました（9条世界会議実行委員会編『9条世界会議の記録』参照）。映像記録『9条世界会議のDVD』にもバーベイが登場します。二〇〇八年以後、国連人権理事会においてNGOによる国連平和への権利宣言を求めるキャンペーンが展開され、バーベイはこれに積極的に加わりました。最近では二〇一四年八月に琉球新報記者がジュネーヴでバーベイにインタヴューしました（琉球新報社・新垣毅編著『沖縄の自己決定権』）。

バーベイは二〇〇五年には二七カ国を列挙していましたが、現在では次の二六カ国を掲げています（アルファベット順）。

アンドラ、クック諸島、コスタリカ、ドミニカ国、グレナダ、ハイチ、アイスランド、キリバス、リヒテンシュタイン、マーシャル諸島、モーリシャス、ミクロネシア、モナコ、ナウル、ニウエ、パラオ、パナマ、サモア、サンマリノ、ソロモン諸島、セントキッツ・ネーヴィス、セントルシア、セントヴィンセント・グレナディンズ、トゥヴァル、ヴァヌアツ、ヴァチカン。

以下、クリストフ・バーベイ著『非軍事化――軍隊のない国家』（オーランド諸島平和研究所、英文）を簡潔に紹介します。六〇頁の小冊子ですが、軍隊のない国家研究の最前線に位置する重要文献です。出版元のオーランド平和研究所はバルト海に浮かぶオーランド諸島の首都マリエハムンにある研究所です。オーランド諸島はフィンランド領ですが、フィンランド軍の立ち入りが禁止された平和と自治の島です（前田朗『旅する平和学』）。

## 二　軍隊のない国家を調べる

バーベイは戦争の惨害から将来の世代を救うという国連憲章前文の引用から始めます。

「われら連合国の人民は、われらの一生のうちに二度まで言語に絶する悲哀を人類に与えた戦争の惨害から将来の世代を救い、基本的人権と人間の尊厳及び価値と男女及び大小各国の同権とに関する信念をあらためて確認し、正義と条約その他の国際法の源泉から生ずる義務の尊重とを維持することができる条件を確立し、一層大きな自由の中で社会的進歩と生活水準の向上とを促進すること、並びに、このために、寛容を実行し、且つ、善良な隣人として互に平和に生活し、国際の平和及び安全を維持するためにわれらの力を合わせ、共同の利益の場合を除く外は武力を用いないことを原則の受諾と方法の設定によって確保し、すべての人民の経済的及び社会的発達を促進するために国際機構を用いることを決意して、これらの目的を達成するために、われらの努力を結集することに決定した。」

## 1　平和の時代

バーベイは「戦争は違法である。国連憲章は紛争の平和的解決と威嚇及び武力の行使を禁止している」とし、限定的な自衛権以外の武力の行使を国連が禁止していることから始めます。しかし歴史的理由から、平和の文化と手段はすべての者が平和のうちに生きる権利を保障するだけ十分強力にはなっていません。強大な軍事力と兵器を保有する国がある一方で、平和のため、人道のより良き未来のため軍隊を持たない選択をした国もあるのです。

一九八九年、スイス軍廃止を求める国民投票運動をした時、バーベイは軍隊のない国家が現存することに気付きました。スイス人民が求めていることをすでに行った国がある。従来知られていないが、無視できない数の軍隊のない国家が現存している。公式に非武装国家であると宣伝したわけではありませんが、軍隊のない国家の存在が認知されるようになり、非武装国家として特別の役割を果たすようになりました。

バーベイは問います。これらの諸国が軍隊を持たずに生存しうまくやっていけるのなら、他の諸国はなぜ軍隊を持つべきなのか。それは民主主義の問題である。自国の安全を確保する方法を決定するのは人民自身である。軍隊を持たない国がいかにしてその状態になり、いかにして安全を維持しているかを研究しなくてはならないと言います。

まず軍隊のない国家を確認するために必要な基準を定めます。研究を始めた時は武装国家と非武装国家の間の線は曖昧に思われました。しかし両者の間に明確な線を引く十分な区別を見出しました。国の規模は重要であり、軍隊を持たない国はほとんどが小国です。軍隊を持つことができるのに、持たない選択をした国もあります。軍隊を持たないのにむしろ良好な国があります。バーベイは軍隊のない国家の安全の概略的状況を示しています。最後に人民の状況や国家制度を示し、軍隊を持つ負担のある国よりも良好であると論じます。

軍隊を持たない国家の「平和度」から学ぶべき教訓は多くあるはずです。軍隊のない国家は私たちの世界の一部であり、平和をつくる普遍的文化の一部です。平和はすべての国にとってと同様に、軍隊のない国家にとって前進です。未来は形成途上なのです。

## 2　方法と定義

バーベイによると、軍隊のない国家調査は二五年前に始まりました。信頼できるリストを作成するのに必要な基準とデータを明確にできるようになりました。バーベイは二〇一五年段階の資料を基にしています。非軍事化の調査にはアールストレーム・クリスター『欧州における脱軍事化・中立地域』（オーランド諸島平和研究所、二〇〇四年、英文）がありますが、欧州に限定されています。

まず国家、国民国家は独立の政治体であり、国際社会において国家として承認されているものです。通常、国連加盟国は国家として認められているので、それ以上に詳しい定義を要しません。ただしニウエ、クック諸島、ヴァチカンは国連非加盟国です。バーベイは「国民国家」を中心に取り上げますが、非独立地域で脱軍事化又は非軍事化の地域の創設も重要であることは言うまでもありません。

バーベイは「軍隊のない国家」「非武装国家」「非軍事的国家」という言葉を同じように用います。軍隊のない国家には外国軍隊が常駐しないことも含まれます。

非軍事化の状態と脱軍事化の過程（軍隊の解体、武器の廃棄）を区別する必要があります。脱軍事化過程が全体的で継続的であれば、非軍事化という恒久状態に達します。

バーベイによると、脱軍事化という言葉は部分的な脱軍事化の意味で用いられるとともに、軍事活動を禁止された地域の意味でも用いられます。より正確にするため「状態（非軍事化）」と「過程（脱軍事化）」を区別して用います。脱軍事化の定義が他で用いられている定義と異なることになります。脱軍事化された地域、特にオーランド諸島について言えば、オーランド諸島は脱軍事化地域というよりも、一世紀半以上に及ぶ非軍事化地域だと言います。バーベイはスザンヌ・エリクソン、イングマル・ヨハンソン、バーブロ・スンドバックの共著『平和の島――オーランドの自立、脱軍事化、中立』（オーランド諸島平和研究所、二〇〇六年、英文）を注記しています。

軍隊とは武力であり、通常、他国の実力行使を防止し、自ら軍事行動を行うため政府によって設置されます。軍隊は人員（兵士、指揮官）、武器、及び組織・階級により編成されます。軍隊の人員は他の人間に対して暴力を用いるよう訓練され、戦時には敵軍と認定された側の他人を捕虜にし、傷つけ、殺し、軍事目標とされた物を破壊することが正当化されます。

警察や準軍隊の定義には長いリストがありえます。これらの実力が軍隊であるかを判定するために、事実確認の基準が用いられるのです。

## 3　軍隊のない国家の識別

バーベイは二つの基準を採用します。法的基準と事実基準です。

法的基準は「当該国家の憲法や法秩序において軍隊の地位に関する記述があって、当該国家に軍隊がないことを示しているか」です。法的基準は非軍事的地位に関する明晰性と安定性のかなり堅固な基礎となります。法的基準は実力よりも法が上位にあることの表明です。しかし法的基準によって自動的に判定できるわけではありません。

事実基準は「実態調査によって当該国家に軍隊がないと確認できるか」です。事実基準はさらに下位のカテゴリーに分けられます。

① 当該国家が法的言明を含む公的言明によってその地位について明らかにしているとは限らず、さまざまな理由から公的に確認しえないことがあります。実際には軍隊がないのに軍隊を保有していると表明する国もあれば、逆に保有してないと述べているが実際には軍隊を保有していることもあります。

② 軍隊の目的や任務が有益な情報となりますが、決定的ではありません。警察と兵士の職務はまったく異なりますが、一方の職務が他方の職務に移行することがあります。警察に所属する人員が正規軍の欠員を補充するために移籍する可能性もあります。

③ 当該国家に兵器が存在すれば軍隊があるという判断の指標となります。しかし国境警備隊が車両、船舶、航空機を保有し、それらに小型機関砲や機関銃のような小規模兵器が装備されていることがあるので一概には決められません。

④第四の指標として、当該国家における準軍隊に行政上の地位が与えられているか。準軍隊がその地位に照らして文民であるのか兵士であるのか。当該実力が特別組織に属するのか警察に属するのか。これらを検討すれば事実基準は明確で完全なものになります。

バーベイによると、軍隊を持たないが他国との防衛条約や友好条約により他国の軍隊の駐留を認めている国がありますが、その点をまだ立ち入って分析できていません。これらの諸国は独立国であり、防衛のために他国と協力していますが、これらの条約は両義的です。国軍を持たず軍事的行動もしないという選択と、他国によって防衛してもらうという選択の間にある国について、さらに詳細に検討する必要があります。

## 4　法的基準の考察

バーベイは法的基準についてさらに詳しく論じます。

①法的基準が明示されている場合です。コスタリカ、キリバス、パナマは憲法が軍隊を設立しないことを明示しています。

一九四九年のコスタリカ憲法第一二条は「恒久制度としての軍隊は廃止する。公共秩序の監視と維持のために必要な警察力は保持する。大陸間協定により又は国防のためにのみ、軍隊を組織することができる。いずれの場合も文民権力に常に従属し、単独又は共同して、審議することも声明又は宣言を出すこともできない」とします。

一九七九年のキリバス憲法第一二六条は「キリバス警察、刑事施設、海洋保護サービス、海洋訓練学校以外に、軍隊は設置しない」というものです。

一九九四年のパナマ憲法第三一〇条は「パナマ共和国は軍隊を保有しない。すべてのパナマ人は、国家の独立と領土の防衛のために武器を持つ義務がある。公共の秩序の維持、国家の管轄権に属する者の生命、名誉、財産の保護のため、及び違法行為の予防のため、法律により、独立の指揮権と職員名簿とともに、必要な警察組織を編成する。外部からの侵略の脅威のある場合、一時的に法律によって、共和国の国境と管轄を保護するために、特別警察組織を設置する。共和国大統領は、本章において設置されるすべての組織の指揮官である。警察組織職員は文民に属する。そのため職務遂行に当たっては、国家、州、地方当局が発する命令を尊重する」とします。

コスタリカ憲法第一二条及びパナマ憲法第三一〇条、三一一条、三一二条では、緊急事態に警察力の再編をすることとされていますが、コスタリカは二度にわたって侵略された際にも軍隊を設置しませんでした。キリバス憲法第一二六条には緊急事態における警察力の再編も規定されていません。

一九二一年のリヒテンシュタイン憲法第四四条は「武器を保有するすべての者は、六〇歳に達するまでは、緊急事態における自国の防衛に奉仕する責任がある。この緊急事態以外に、警察部隊および国内秩序の保全の条項に必要な限りを除いては、軍隊を編成または保持しない。本件に関する詳細な規制は法律をもって決定される」とします。

リヒテンシュタイン憲法第四四条は平時には軍隊を設置しないとしています。必要時には軍隊を設置できますが、第二次大戦の危機にナチス・ドイツと国境を接した時でも軍隊を設置しませんでした。リヒテンシュタインとスイスの間には貨幣に関する協定がありますが防衛協定はなく、ともに永世中立国です。二〇〇三年に憲法改正がなされましたが、第四四条に変更は加えられませんでした。

なおバーベイは日本について次のように述べています。「日本は9条において軍隊を明示的に禁止する基準を有するが、実際には世界で最も強力な軍隊の一つを保有している」。残念なことに日本は、憲法に軍隊を持たないと書いてあるのに実際には軍隊を持っている世界で唯一の国です。

② 憲法が軍隊について沈黙する形での非武装です。

憲法に軍隊不保持と規定していないが、そもそも軍隊について憲法が何も言及していない場合です。憲法が沈黙していると言えるためには、憲法起草過程に関する情報や憲法の比較分析が必要です。

ナウル、トゥヴァル、ヴァチカンの憲法は警察について十分詳細に規定していますが、軍隊設置についての言及がありません。ナウル憲法第六八条及びトゥヴァル憲法第一五七条は警察の根拠規定です。ヴァチカン憲法第一四条はローマ教皇のボディーガードとしてのスイス警備兵についての規定です。

アイスランド憲法第七五条は防衛のための武器保有を認めていますが、第三一条は徴兵制を否定しています。アイスランドはNATOの集団的安全保障に入り、アメリカと安保条約を結んでいますが、そこにはアイスランドは数世紀にわたって非武装であると記されています。二〇〇五年までケフラヴィク空港に米軍が駐留していました。私は同年五月に訪れて、ケフラヴィク空港の周囲をタクシーで走りましたが、同年夏、米軍が完全撤退しました。現在のアイスランドは完全に非武装です。

③ 憲法は沈黙しているが国際協定によって示されている場合です。

憲法は警察にも軍隊にも言及せず、他国との条約において防衛問題について言及がなされている場合があります。

アンドラはフランス及びスペインと主権保障協定を結んでおり、重大な危険に瀕した場合、フランス及びスペインがアンドラ政府と協力し、適切な措置について協議する義務を有します。

クック諸島はニュージーランドと協定を結び、ニュージーランドがクック諸島を支援することになっています。もしクック諸島が軍隊を保有したいと考えた場合にもニュージーランドが支援します。ニウエもクック諸島と同様にニュージーランドと協定を結んでいます。モナコはフランスと協力協定を結んでいますが、必要な場合、モナコと協議してフランスが防衛に当たることになっています。

④国際協定によるが憲法が沈黙していない場合です。

一九七九年のパラオ憲法第二条は防衛問題について他国との協力を国民投票にかける場合を予定していました。一九九四年、アメリカ合州国との間に自由連合協定を結びました。

パラオ憲法制定時、非核条項がありました。核に関する活動を認めるには国民投票により四分の三以上の賛成を得る必要がありました。しかし国民投票で四分の三を得ることはできませんでした。結果として憲法改正により、四分の三ではなく二分の一以上で良いことに変え、その後の国民投票によりアメリカ軍の核活動を許容することになりました。非核条項は死文化しました。それ以来、憲法と自由連合協定の下にありますが、米軍が駐留しているわけではありません。

マーシャル諸島憲法には多くの防衛関連条項があり、二つの人権条項があります。一つは平時に所有者の同意なく軍隊が通過することの禁止です。アメリカ軍が条約に基づいて駐留した場合、この条項が意味を有することになります。もう一つは徴兵制の禁止です。憲法第二条二項は奴隷や任意でない役務を禁止し、強制的軍役禁止を掲げています。

ミクロネシア憲法は国防は立法権の管轄と定めます。安全保障問題を憲法ではなく法律事項としています。一九八六年にアメリカ合州国との間に自由連合協定を結びました。二〇〇三年に協定の見直しがなされましたが、防衛条項に変化はありません。

⑤憲法には言及がなく他の関連条項が軍隊に言及している場合があります。多くは人権条項です。

ドミニカ国、グレナダ、モーリシャス、ソロモン諸島、セントルシア、セントヴィンセント・グレナディンズの憲法は、軍役に代替するサービスは強制労働ではないという規定です。これらはイギリス（大英連邦）のガイドに由来します。セントキッツ・ネーヴィス、サモア独立国、トゥヴァルにも類似の規定があります。セントキッツ・ネーヴィス、セントルシア、セントヴィンセント・グレナディンズの憲法には兵士の宗教的自由の保護規定がみられます。この規定は軍隊がない場合には適用されません。良心的兵役拒否の類似条項はキリバス憲法第六条にもあります。

⑥憲法・法律が軍隊の存在と組織に言及しているため、法的基準のない場合です。

憲法には軍隊が予定されているのに、実際には軍隊のない国家が二つあります。

ハイチは一九九五年の法律によって軍隊が廃止されましたが、憲法改正はなされていません。軍隊を廃止する憲法改正には議会における二度の投票を要します。サンマリノには包括的な意味での憲法典がなく法律に軍隊の存在が示されていますが、実際には存在しません。バーベイは次のようにまとめます。

「検討した二六カ国の内、四カ国は軍隊を完全に禁止し、四カ国は憲法において軍隊に言及することを意識的に避けている。この八カ国については法的レベルにおいて軍隊を再建するためには、憲法改正が必要である。他に七カ国については条約改正が必要である。七カ国の内五カ国については軍事事項の憲法上の位置づけゆえに、憲法改正も必要である。しかし国家の規模ゆえに、それはありそうにないことでもある。他の二カ国（マーシャル諸島とミクロネシア）については軍隊は憲法事項であるという一般原則の例外として、国会の決定により軍事事項を決定することができる。にもかかわらず、この二カ国は現状を変更するためには新しい法律を必要とし、法改正することなく軍隊の存在を許すことはできない。以上の一五カ国については法的基準がそろっており、現行法は軍隊保有を許容していない。他の九カ国については憲法は軍隊が存在しないことに言及していないし、もし軍隊を設置した場合に軍隊がどのように統制されるべきかを明示していない。最後の二カ国、ハイチとサンマリノは法律が軍隊の存在を許容している。この一一カ国については軍事事項の地位について憲法も法律も十分明確にしていないので、これらの諸国に軍隊が存在するか否かを判断するために、事実に依拠することになろう。」

バーベイの調査・検討は日本ではこれまでほとんど知られていません。日本では一九四九年のコスタリカ憲法に関する知識は広まっていますが、キリバス、リヒテンシュタイン、パナマについては十分知られていません。

特にリヒテンシュタインは一八六八年に軍隊を廃止し、一九二一年憲法で非武装を明示しました。一九四六年の日本国憲法よりも古いのに、憲法学は無視してきました。「9条が最初の非武装憲法だ」という主張の根拠がなくなってしまうため、あえてリヒテンシュタイン憲法を無視するのでしょうか。

リヒテンシュタインは第一次大戦時にも第二次大戦時にも武装しませんでした。スイスとオーストリアの間にある小国です。ナチス・ドイツがオーストリアを併合したため、ナチス・ドイツと国境を接することになった時にも武装しませんでした。第二次大戦が勃発しても武装せず、ユダヤ人の亡命を手助けしました。

リヒテンシュタイン家は個人として世界最大規模の美術品収集で有名であり、ヒトラーがこれに目をつけて、ウィーンに保管されていたリヒテンシュタイン家の美術品に触手を伸ばしたことは有名です。リヒテンシュタインは必死の大輸送作戦により美術収集品を隠匿し、ナチス・ドイツの魔手から逃れました。豊かな美術品は現在、ウィーン及び首都ファドゥーツの美術館で公開されています。二〇一二年、国立新美術館で「リヒテンシュタイン華麗なる侯爵家の秘宝展」、二〇一九年、東急文化村・東京富士美術館等で「リヒテンシュタイン建国三〇〇年の至宝展」が開催されました。

## 5　識別の事実基準

バーベイは軍隊のない国家の法的基準に続いて、事実基準を検討します。軍隊とは何かという定義にかかわります。具体的には軍隊と警察その他の実力装置との区別です。

警察は公共の安全と犯罪捜査を任務としますが、警察力には小規模の保安部隊が含まれることがあります。警察に設置される小規模の保安部隊は人質解放作戦、特別警備などを行いますが、常備軍とは異なります。多くの国家には法執行部隊、国土保安隊、森林保安隊、消防隊、国境警備隊、刑事施設保安隊等もありますが、それぞれの分野の専門的組織であり、軍隊ではありません。しかし肥大化して軍隊に準じるような組織になるかもしれません。

人道部隊やＰＫＯは国際的に活動し、シビリアン組織を内部に有します。その意味で軍隊に接近します。各国軍隊がＰＫＯの主力を成してきました。ただ国防軍ではなく、多くの諸国が参加する多国間組織です。メンバーには軍事訓練を必要とすることが多いのですが、軍隊を構成するわけではありません。

バーベイは具体的には三つの観点で検討します。

①警察が武器を有する唯一の組織であって、警察内に常設の特別部隊がない国です。アンドラ（警

察官二四〇名)、リヒテンシュタイン(一二〇名)、モナコ(五〇〇名)、ナウル(一〇〇名)、ニウエ(一五名)。

②警察内に軽武器を保有する特別部隊のある国です。クック諸島には警察と小規模の沿岸警備隊(一〇〇名)があります。コスタリカには警察と沿岸警備隊(九八〇〇名)があります。ドミニカには警備艇を有する沿岸警備隊を含む警察(四四四名)があり、グレナダ警察(一〇三〇名)にも沿岸警備隊があります。アイスランド警察(七〇〇名)には特別部隊(二七名)と沿岸警備隊(一三〇)が含まれます。

キリバス警察(六〇〇名)、マーシャル諸島警察(六二八名)、ミクロネシア警察(四五〇名)、パラオ警察(一六〇名)、サモア警察(五二〇名)、ソロモン諸島警察(一一三〇名)、セントルシア警察(八五〇名)、セントヴィンセント・グレナディンズ警察(七三〇名)、トゥヴァル警察(七〇名)にも沿岸警備隊等が含まれます。

③シビリアン領域で警察機能をもつ特別な部隊を有する国です。ハイチ警察(一〇〇〇〇名)は大部分が通常警察ですが、常備軍に比較的近接した組織があります。ハイチにはMINUSTAHと呼ばれる国連PKO(七五〇〇名)が駐留しています。モーリシャス警察(一〇五〇〇名)には沿岸警備隊(五〇〇名)が含まれます。

モーリシャスは五つの民族からなり観光産業が経済の中心です。アフリカ大陸から離れたインド洋上の島国です。軍隊はありませんが沿岸警備隊が強化されています。パナマ警察（一二〇〇〇名）には反乱鎮圧部隊があり、小型航空機と沿岸警備隊を保有します。軍国主義的な過去と決別した歴史ゆえに軍隊を持たないのです。サンマリノには軍隊があるという主張もありますが、警察（一〇〇名）、国境警備隊（三〇名）にすぎません。現地に行けば、観光客用の駐車場で車の交通整理をしているのがそれだとわかります。セントキッツ・ネーヴィス警察（四五〇名）には外交国家安全省に属する防衛隊（二〇〇名）がありますが、ネーヴィス分離独立論との関係で設置された国内保安隊です。対外的組織とは言えません。ヴァヌアツ警察（七〇〇名）には自動車部隊と沿岸警備隊があります。ヴァチカンは警察（一五〇名）と教皇警備スイス兵（一五〇名）です。イタリア警察が保安を担う役割も有します。バーベイは次のようにまとめます。

「要約すると、警察が唯一の武器保有装置である国は五つである。補充的な小規模特別装置を有するのは一四である。九カ国については政府組織としての軍隊がないと疑いなく言うことができる。七カ国については特別部隊が存在する。モーリシャス、パナマ、ヴァチカンは軍隊のないことがかなり明白である。ヴァヌアツはすべての装置を警察の統制下に置く意思があり、軍隊を持とうとしていないことが明らかである。セントキッツ・ネーヴィスとサンマリノは、すべての実力装置が小規模であり警察と同じ省庁によるシビリアンコントロールがあり、重武装もなく、明らかに警察機能と国境警備機能を持ち、政治意思も明白である。ハイチについては軍隊を持ちたいという意思を有しているが、現存する装置は非常に小規模である。」

## 6　その他の調査結果

バーベイはさらに次の三点を補足します。

①警察の規模の比較です。必要以上の警察力を保持していれば、軍隊のない国家とは言えないのではないかとの疑念が生じるかもしれないからです。警察官員数の世界平均は一〇万人あたり三〇〇人です。つまり〇・三％です。

ハイチは〇・一六八〇％、コスタリカは〇・二〇九九％、アイスランドは〇・二一四九％、ソロモン諸島は〇・二二三六％のように、軍隊のない国家二六カ国のうち七カ国は〇・三％以下です。アンドラは〇・三一五七％、リヒテンシュタインは〇・三二五二％、パナマは〇・三五二三％であり、平均に近い数値です。トゥヴァルは〇・六一九四％、ドミニカは〇・六二三五％であり、平均よりも高い数値を示しますが、それぞれ総人口が一万や七万の国です。モナコやサンマリノの数値も低くはないが儀式に臨む儀礼隊です。人口の多い国で高い数値を示すのはモーリシャスです。人口が一二五万で、警察官が一万を超え、〇・八五五六％です。モーリシャスは先に述べたような民族構成で、特別な安全上の問題を抱えているために警察官が増員されていると言えるでしょう。

②再軍備した国です。バーベイは、かつてモルディヴを軍隊のない国家に数えていましたが、現在はモルディヴを除外しています。警察内部に設置された特別部隊が徐々に増強され、二〇〇六年四月二一日、防衛隊と沿岸警備隊（三〇〇名）を警察から独立した防衛安全省に移管したということで、モルディヴは軍隊のない国家とは言えなくなったと言います。

③軍隊のある国であって、非常に小規模の軍隊の国との比較です。アンティグア・バーブーダ（二四五名）、バハマ（八六〇名）、バルバドス（六一〇）、ベリーズ（一〇五〇名）、ケープヴェルデ（一二〇〇名）、コモロ（五〇〇名）、赤道ギニア（一三二〇名）、ガンビア（八〇〇名）、ガイアナ（一一〇〇名）、ルクセンブルク（九〇〇名）、セーシェル（六五〇名）、東ティモール（一三〇〇名）、トンガ（四五〇名）です。このうちルクセンブルクは自国の防衛のためではなく、NATOに加盟しているため九〇〇名の青年がNATO軍に加わっています。バーベイは次のようにまとめています。

「世界一九六カ国のうち二六カ国が軍隊を持たない、世界の八分の一の国が軍隊を持たないことは驚かれるかもしれない。しかし住民に、人間の尊厳に、そして歴史にリスクや損害、あるいは軍隊保有にコストがかかることから、軍隊を持たない選択をする国のあることは驚くべきことではない。」

非軍事化の法的側面は、軍隊とは何であり、何でないのかの定義が明確になされることにかかっていますが、軍隊を持つ国と持たない国の間に明確な行政的な線引きができることは留意に値すると言います。軍隊のない国家のうち一九カ国ははじめから、あるいは長期にわたって軍隊を持たずに国家になり、七カ国だけが非軍事化過程をたどったようです。

## 四　多様なピース・ゾーン

私は軍隊のない国家二七カ国を訪問して、『軍隊のない国家』を出版しました。そこで明らかにした事実とバーベイが明らかにした事実を比較すると、次の点で差異があります。

①モルディヴが再軍備したことです。私は二〇〇五年八月から調査旅行を開始し、モルディヴには二〇〇六年二月に訪問しました。ところがバーベイによると、モルディヴは二〇〇六年四月に再軍備したと言います。

②バーベイは警察力の調査を行って、軍隊のない国家の評定を行っています。私は軍隊とその他の実力組織との比較を考えましたが、実際に警察力の規模を調査していません。モルディヴやモーリシャスの沿岸警備隊が強化されている事実は入手していましたが、それ以上の調査ができませんでした。セントキッツ・ネーヴィスの警察力増強がネーヴィス分離独立論との関係で起きていることは私も意識しており、首都郊外の防衛隊を調査に行きました。

③私はハイチを軍隊のない国家に算入しませんでした。ハイチには軍隊と武装勢力の間の激しい紛争が起き、その結果として国連ＰＫＯが駐留しています。国連ＰＫＯによってかろうじて公共の安全が維持されている状態です。もう少し様子を見てから判断しようと考えました。バーベイはＰＫＯの一〇年に及ぶ歴史を踏まえて、ハイチを軍隊のない国家としているようです。

最後に私自身の関心事項を二点列挙しておきます。

①私の最大の関心は、世界の軍隊のない国家に9条の影響があったかどうかです。結論として、9条の影響はどこにも確認できませんでした。9条が世界の平和憲法にも、軍隊のない国家にも影響を与えていないのは、私たちの努力が足りなかったのではないでしょうか。

②多様なピース・ゾーンの意義を再検討する必要があります。第一に個人のレベルの平和主義、市民的不服従。第二にピース・ゾーンです。オーランド諸島は一世紀に及ぶピース・ゾーン。フィリピンやコロンビアではピース・サンクチュアリやピース・コミュニティの試みがあり、日本では無防備地域宣言運動の取り組みがありました。第三に軍隊のない国家。第四に軍隊のない国家の国際的領域。太平洋やカリブ海地域には軍隊のない国家が多数存在します。コスタリカとパナマは隣国です。第五に世界全体の非軍事化、脱軍事化の協調。非核地帯条約や核兵器廃止条約との接合も考えていきたいと思います。

## 第二節　地方自治体における平和権

### 一　イタリアの平和権

次章で紹介する国連平和への権利宣言を求める平和運動にはスペイン、スイス、コスタリカ、日本など各国の法律家が結集しましたが、イタリアからも強力な仲間たちが参加しました。彼らからイタリアの地方自治体には平和権を明記した条例があると聞きました。パドヴァ大学人権センター長のマルコ・マシアの論文「地方政府条例における平和人権の連結――イタリアの先駆的実例」が届いたので紹介します。

従来の憲法学研究ではイタリア地方自治体の平和条例に関する情報はほとんど紹介されていません。無防備地域運動においても知られていませんでした。なお憲法の戦争放棄条項については次の論文があります。

高橋利安「イタリア共和国憲法の平和主義――戦争放棄条項（第一一条）を中心に」（浦田一郎ほか編『平和と憲法の現在――軍事によらない平和の探求』明治大学軍縮平和研究所、二〇〇九年）

山岡規雄「イタリア共和国憲法第一一条（戦争否認条項）をめぐる議論」（『レファレンス』二〇一四年一〇月号）

## 二　マシア論文の概要

### 1　「平和人権」規範

一九四八年のイタリア憲法第一一条は「イタリアは他国民の自由に対する侵略の手段としての戦争及び国際紛争を解決する手段としての戦争を否認する。他国と同等の条件の下で、国家間の平和と正義を保証する世界秩序に必要な主権の制限に同意する。この目的を持つ国際組織を促進し支援する」と規定します。

マシアによると、ヴェネト州の「平和の文化の促進のための地方の措置」に関する州法一八号（一九八八年三月三〇日）が戦争の否認＝個人及びすべての人民の基本権としての平和権を定めています。イタリア共和国の地方法秩序に平和と人権の結合が導入された最初の例です。

1．ヴェネト州は、国際紛争を解決する手段としての戦争の否認、人権の促進、民主的自由及び国際協力を掲げた憲法原則に従って、平和を基本的人権であり、人民の権利であると認める。

2．この目的のためにヴェネト州は、ヴェネト州を平和の土地とするため、研究、文化、教育、情報提供及び協力活動を通じて、平和の文化を促進する。

3. この目的を達成するためヴェネト州は、直接のイニシアティヴを通じて、並びにヴェネト州で活動する地方当局、諸団体、文化組織、ボランティア及び国際協力団体の介在を促進して、行動する。

この法は一九九九年一二月一六日の州法五五号により改正、拡大されました。

1. ヴェネト州は、国際紛争を解決する手段としての戦争の否認、人権の促進、民主的自由及び国際協力を掲げた憲法原則に従って平和と発展を個人及び人民の基本的人権であると認める。

2. 第一条の目的を達成するためにヴェネト州は、文化・情報提供イニシアティヴ、調査及び教育、脱中央集権的協力及び人道援助を通じて、人権、平和の文化及び発展協力を促進する。特に国際的に発展途上国とされる諸国において、ヴェネト州は、食糧自給、エコロジカルなバランスの保護、環境遺産の促進、健康衛生条件の改善、就学水準の上昇、女性と子どもの状況の改善、民族的文化的差異の尊重の下で男女の平等機会を促進しつつ文化的アイデンティティの確保、基礎的ニーズの充足に貢献する。そうすることによってヴェネト州は、経済的社会的文化的な移住者の支援活動を行う。

マシアによると、一九八八年法はその後の法のパラダイムとなり、ほとんどすべての州、及び市町の条例において何らかの規定が採択されました。一九九〇年六月八日の「地方自治体法」に関する法一四二号、及び一九九三年三月二五日の「市長、州知事、市町議会、州議会の直接選挙」に関する法八一号の発効が追い風となりました。

一九九一年三月、ペルージャで「平和と人権のための地方自治体調整会合」が開催された時に、パドヴァ大学人権センターが新しい条例に「平和人権」を導入する提案をしました。エルネスト・バルドゥッチはその提案を支援し、ヴェネト州平和人権担当者ルチアーノ・ファルチエはヴェネト州の前市長に公式の手紙を書きました。

その後数年間、ペルージャ・アッシジ平和行進を進めてきた「人民の国連総会」を通じて、平和ラウンドテーブルと平和と人権地方自治体調整がアントニオ・パピスカ教授の「アッシジの積極的平和の道」を進めました。地方自治体、学校、宗教団体、NGO、及び国際連帯運動のネットワークが作られたのです。イタリア市民社会は新しい政治文化の促進を図り、平和ラウンドテーブルは民主主義を国内レベルから国際レベルに発展させるために「すべての人にすべての人権を」を掲げました。

二〇一一年、ヴェネト州の財政支援によってパドヴァ大学人権センターが行った調査によると、一〇四県、二〇州、二自治州、及び人口五〇〇〇人以上の二三七二の町の条例に含まれています。

「人権」「基本的権利としての平和」「平和の文化」「戦争の否認」「人民の連帯と協力」「軍縮」

「多文化対話」「平等と非差別の原則」といった表現を含む「人権平和」規範は、二〇八六町、九七県、一三州にあります。この成果は世界立憲主義という大きな価値のもとで進み、ヴェネト州で導入された「平和人権」は全イタリアに広がり、世界でも重要な事例です。

一連の条例はイタリア憲法と国際人権法の双方に根差しています。国連憲章、世界人権宣言、国際自由権規約、国際社会権規約、欧州人権条約、人種差別撤廃条約、子どもの権利条約、EU人権憲章等です。二三七二のうち八四六が一つ又は複数の国際人権文書に言及し、三六％に及びます。国連憲章に言及しているのは一二〇、世界人権宣言は一五四、国際自由権規約が二三、国際社会権規約が二〇、子どもの権利条約が二〇〇、EU人権憲章が三〇です。五一六は一九八五年の欧州地方自治体憲章に言及しています。一〇四県のうち五七、つまり五五％が国際人権文書に言及しています。国連憲章は九、世界人権宣言は五、国際自由権規約が一、子どもの権利条約が四、EU人権憲章が六、欧州地方自治体憲章が四四です。二〇州のうち八が国際人権文書に言及しています。

マシアは、条例に「平和人権」を取り入れることで、イタリア憲法と新しい国際法の核心がイタリア各地の生きた組織に組み入れられると言います。「平和人権」を採択することにより、自治体条例がグローバルなレベルで「超憲法」の原則の一部となります。自治体が国際法秩序と国内法秩序を接合する過程で積極的役割を果たすのです。

## 2 平和への制度上の道

マシアは、人権と平和の接合は自治体が市民の生命を保護することと、世界の共通善を追及するという、市民に課せられた二重の責務に合致すると言います。

世界人権宣言第二八条は「すべて人は、この宣言に掲げる権利及び自由が完全に実現される社会的及び国際的秩序に対する権利を有する」としています。これは積極的平和の概念であり、単に戦争がないことではなく諸人民の連帯と共同の積極的実践を意味します。

自治体は個人と人民の平和への権利を含むすべての人権を保護・促進することについて、国家及び国際機関と競合します。自治体はＮＧＯやボランティア団体とともに、国家に「平和への制度上の道」を歩ませるのに効果的な寄与をすると考えるのが合理的です。

「平和人権」によって、自治体は国連の「人間の発展」と「人間の安全保障」戦略に即して、グローバリゼーションの平和的で、公正な、協力的な、そして民主的統制に積極的に参与する意思を表明します。国際的に承認された人権を参照することは多元的な統治の枠内で補完性原則を適切な光の中に置くことです。「平和人権」を採択することによって、自治体はより相互依存的でグローバル化された世界における「政治的労働の配分」の動態の一部となります。

## 3　地方自治体の保護する責任

マシアは「普遍的に承認された人権と基本的自由を促進・保護する個人、団体、社会組織の権利と責任」に関する国連宣言を引用します。

第二〇条「すべての者は、個人として及び他者と結合して、国内レベル及び国際レベルにおいて、人権と基本的自由の保護・実現を促進・努力する権利を有する」。

第七条「すべての者は、個人として及び他者と結合して、新しい人権観念を発展させ、議論し、その承認を主張する権利を有する」。

人権促進・努力自体が「権利」であり、「新しい人権観念を発展させ」ることも権利に該当するという、非常に意欲的で積極的な規定です。

マシアによると、自治体は「一つの世界（one world）」文化の積極的主体となります。逆説的に、自治体、その領域と結びついた存在、むしろその定義からして「領域」である自治体は、国際的に承認された人権と平和のために運営されるので、人間存在の平等と基本的権利という言葉で再定義され、それゆえ境界を超えて人権擁護者に関する国連宣言にも提示されます。自治体はすべての形態の人種主義、不寛容、外国人嫌悪、ナチスとファシズム、人々、動物、財産に対する暴力を、特に教育の分野で予防し、これと闘うことになります。

地方自治の要請は真に自治の要求であって、単に脱中心化ではなく「保護する責任」原則により強化されます。特にＮＧＯの「都市・地方自治体連合」は国連との協議資格を有し、「都市外交」の名により移行する政治運動です。

マシアは再び世界人権宣言第二八条を引用し、続いて国際社会権規約に目を配ります。

国際社会権規約第一三条は「締約国は、教育が、すべての者に対し、自由な社会に効果的に参加すること、諸国民の間及び人種的、種族的又は宗教的集団の間の理解、寛容及び友好を促進すること並びに平和の維持のための国際連合の活動を助長することを可能にすべきことに同意する」としています。

さらに一九七四年のユネスコの「人権と基本的自由に関連する国際理解、協力、平和、教育に関する勧告」、二〇〇四年の国連の人権教育のための世界プログラム、二〇一一年の人権教育・研修国連宣言があります。

自治体はこれらの教育を支持し、制度的枠組み、組織構造、運営計画を策定します。特に国境を越えたレベルの、教育の役割と連帯の実施が強調されます。「平和人権」規範を実施する戦略のための「教育」アプローチの選択は構造的投資の選択です。

## 三　平和規範の重層化

以上がマシア論文の概要です。いくつかコメントしておきましょう。

①イタリア自治体における平和人権規範は、日本ではほとんど知られていなかったと思います。欧州諸国でもあまり知られていないようで、国連平和への権利宣言国際キャンペーンの欧州のメンバーたちも知らないと言っていました。憲法学者、国際人権法学者が先頭に立ち、パドヴァ大学やパドヴァ市の協力を得て、イタリア各地に広げていったようですが、世界への広がりにつながったわけではないようです。平和への権利国際キャンペーンに触発され、再びイタリア自治体が脚光を浴びることになったのです。マシア論文はまさにそのために書かれたからです。

②イタリアにおける平和人権規範は多様です。マシアはヴェネト州の条例がパラダイムとなったと述べますが、各地の条文はスタイルも、用いている用語もかなり異なるようです。自治体ごとの状況、歴史などを踏まえて相互に影響を与えつつ、それぞれに作成されたのでしょう。発展過程において、それらを関連付け、総括する作業は行われてこなかったのでしょうか。パドヴァ大学による調査、そしてマシア論文が今後の帰趨に影響を与える可能性はあるでしょうか。

③イタリアの平和人権規範が持つ国際的意義です。イタリアにおける発展と国際人権法にお

ける発展があいまって次の一歩が始まることが期待されます。平和への権利宣言キャンペーンのなかでは、平和的生存権を認めた判決として、日本国憲法前文（長沼訴訟札幌地裁判決、イラク自衛隊派遣訴訟名古屋高裁判決、岡山地裁判決）、コスタリカ憲法第一二条と憲法裁判所判決、及び韓国憲法裁判所判決が語られました。イタリアの状況を加えることによって、各国における平和人権規範及び自治体における平和人権規範の実行例が多様化してきたことを知ることができます。

④平和規範の重層化が重要です。国際法レベルでは国連憲章、平和への権利宣言など多様な平和規範づくりが進められました。国家レベルでは多くの国の憲法に平和条項が置かれています。自治体レベルでは平和都市宣言、無防備地域宣言、非核都市宣言など多様な取り組みがなされました。レベルの異なる平和規範を十分にそろえることで相互の影響関係を作り出し、平和規範の全面化に繋げていく課題です。

## 第三節　琉球の内発的発展と自己決定権

### 敢然たる理論闘争の書

本節では松島泰勝の著書『琉球独立への経済学――内発的発展と自己決定権による独立』に学ぶことにしましょう。

松島の縦横無尽の活躍ぶりには驚嘆するしかありません。『沖縄島嶼経済史――一二世紀から現在まで』、『琉球の「自治」』、『ミクロネシア――小さな島々の自立への挑戦』、『琉球独立への道――植民地主義に抗う琉球ナショナリズム』、『琉球独立論――琉球民族のマニフェスト』、『琉球独立――御真人の疑問にお答えします』、『琉球独立宣言――実現可能な五つの方法』と続く研究の鮮烈な問題意識と確立した方法論は、理論と実践がスパークしつつ融合する現場に読者を引き込んで離しません。

在ハガッニャ（グアム）日本国総領事館、在パラオ日本国大使館において専門調査員として勤務した経験に加えて、「NPO法人ゆいまーる琉球の自治」代表、「琉球民族独立総合研究学会」共同代表、そして国連人権機関における活躍も含めて、松島のゆくところ既成理論のシャッフルが始まり、葬送と生誕がもつれ合い絡み合う新しい理論世界が現出します。

松島が牽引する新たな琉球独立論に対して、すでに激しい反発も見られますし、理論的批判も出始めています。そうした異論を受け止めながら、さらに前進するために執筆されたのが『琉球独立への経済学』です。第二次大戦後（天皇メッセージ後）の米軍統治時代から現在まで続く琉球の「植民地経済」の詳細な分析を踏まえ、副題に明示されているように内発的発展と自己決定権による琉球独立への方法とロードマップを明示します。独立後の「琉球連邦共和国」における国家像や経済自立策も提言します。

私は経済学に通じていない上、琉球史にも琉球独立論史にも格別の知見を持たないため的確な書評能力を有していませんが、東アジアに平和をつくる理論と運動に関心をもつ研究者の一人として松島に学びたいと思います（前田朗・木村三浩編『東アジアに平和の海を』参照）。

## 自立を阻む植民地経済

第Ⅰ部「果たされなかった経済的自立」では、米軍統治時代に形成された植民地・琉球について「軍事植民地体制の形成」「植民地経済としての基地経済」「基地経済の形成」を分析し、「『復帰』体制による植民地支配」を詳細に検討し、さらに「振興開発が抱える構造的問題性」を抉り出します。「振興開発計画」の虚構性、すなわち環境の破壊と島のブランド化の間で揺れつつも、その目的に照らして失敗と評価するしかないことを明示します。その根源は「植民地経済の形成」です。

松島は琉球の植民地経済の現在を「労働者の身体に見える植民地主義」「琉球経済を巡る言説に見る植民地主義」「植民地主義の裏返しとしての同化主義」といった複合的な視角から問い直します。「基地経済の実態分析」も鮮やかです。米軍統治時代の基地経済に始まり、辺野古新基地建設と振興開発、国際都市形成構想と米軍基地とのリンケージという実態を前に「ヒモ付きの振興開発で地域は発展したのか」と問い返し、基地がもたらすコストにも着目します。

日本政府の喧伝にもかかわらず、沖縄への援助や振興計画は沖縄経済の自立を阻止する機能を果たしてきました。沖縄の振興のためには抜本的に異なる政策が必要であることが明らかにされます。

そのための視点が内発的発展と自己決定権です。第Ⅱ部「経済的自立への布石」では、内発的発展の必要性と可能性を探る作業が行われます。松島は各地で行われてきた共同売店に注目して、「地域共同体に埋め込まれた内発的発展」を浮き彫りにします。読谷村の内発的発展の事例を通して、経済主権回復のための抵抗の歴史があり、琉球人アイデンティティと経済という主題を「アジア経済の中の琉球」として模索します。また「生活に根ざした琉球の自己決定権」として久高島、座間味島、平安座島、沖永良部島、奄美大島、伊江島で実践されてきた試みを紹介しながら、各地の人々の暮らしの中から自己決定権の理論を浮上させます。具体から普遍への手つきは堅実かつ鮮やかです。

ここで松島が闘っているのは、一方で「琉球のような小さな島が自立することは困難である」とする小国独立不要論であり、他方で「琉球独立と言っても沖縄本島がその他の地域を収奪するだけだ」という多様性を逆用した独立不要論です。琉球独立論は両者に挟撃されてきたため松島は理論だけに頼るのではなく、内発的発展と自己決定権を琉球の現実の中から再発掘する方法論に立って、全面的に反論します。

世界には軍隊のない国家が多数存在します。そのうち沖縄よりも大きいのはコスタリカ、パナマくらいです。他の諸国は沖縄よりもはるかに小さな国々です。人口や面積だけで単純な比較をしても意味はなく、それぞれの歴史、文化、経済、地政学的位置も含めて総合的に比較する必要がありますが、世界には沖縄よりもはるかに小さな国が多数存在します。それぞれの国の現実に即して内発的発展と自己決定権の実践的把握をすることが最大のポイントでしょう。

他方、多様性の論点は地域格差、中心と周縁、文化と言語、産業化の深浅など、いかなる規模の国家であっても登場します。多様性を差異の政治学に収斂させるのではなく、地域の多様性を活かして文化の豊かさにつなげる回路が模索されます。

## 独立への具体的道筋

松島は「終章　琉球独立の方法と国家像」において独立論のエッセンスを描出します。

「琉球独立は次のようなプロセスで進むであろう。沖縄県議会が、国連脱植民地化特別委員会の『非自治地域』リストに琉球を加えることを求める決議案を採択する。各種の国際機関の協力を受けて、琉球は『非自治地域』となり、国連の支援を受けながら脱植民地化のための活動を展開する。民族の自己決定権を行使して、国連監視下で住民投票を実施し、独立を支持する有権者が過半数を占めれば、世界に独立を宣言をする。そして世界の国々が国家承認し、国連の加盟国になる。多くの国々と修好条約を締結するなどして外交関係を結び、貿易・投資・観光等の経済活動を自由に展開する。独立にともない、日本政府の国有地は収用され、米軍基地、自衛隊基地は琉球から撤去され、その跡地をこれまでの跡地利用の経験を活かしながら有効に活用し、琉球経済を自立化させる。」

松島の提言を「非現実的」として一蹴する向きもありますが、決して「非現実的」ではありません。独立戦争に訴えるより、現在の国際社会で採用可能なオーソドックスで平穏な方法と言うべきでしょう。日米両政府による植民地処遇こそ「非現実的」ですから、沖縄における「現実」と「現実的」の間の気の遠くなるような距離に気付くことができます。

次に松島は「琉球連邦共和国の政治経済体制」を論じます。琉球経済は「資本主義体制」でありながら、日米両政府によって大幅な市場介入がなされ、特異な状況で「市場の失敗」が作り出されました。同じ失敗を繰り返さないために、連邦共和制のもとでの経済的自由主義がめざされます。その上で松島は、財政政策（ゆいまーる、スペインのバスク自治州の経験）、社会保障政策（ベーシック・インカム制度）、環境政策（環境税、パーク・アンド・アイランド）、教育政策（教育クーポン制度）、アジアとの関係強化策（アジア共同体）を提示し、「自己決定権を保障する平和憲法の制定」を提言します。

スコットランドのイギリスからの分離独立をめぐる住民投票、カタロニアのスペインからの分離独立をめぐる住民投票は、世界の耳目を集めました。古くから国民国家を形成した欧州でさえ、ベルギーの南北対立、イタリアの南北対立をはじめ、住民自治要求や独立運動に揺れ動いています。既成国家の側が暴力を発動して弾圧する例も出ています。

## ピース・ゾーンの思想を

私はこれまで「ピース・ゾーンの思想」と称して、いくつかの事例を調査しました。

①軍隊のない国家です（本章第一節）。

②バルト海に浮かぶアーキペラーゴのオーランド諸島です。オーランド諸島はフィンランド領に属しますが、スウェーデン系の住民が居住するため領土紛争の一因となりました。一九二一年、国際連盟の仲介により、領土はフィンランドとしつつオーランド諸島に軍事基地を置かず、住民の自治権を大幅に強化しました。平和と自治の島の歴史はやがて一〇〇年を迎えようとしています（前田朗『旅する平和学』）。

③ジュネーヴ、ハーグ、ストラスブールに代表される国際都市です。ジュネーヴには国連欧州本部、人権高等弁務官事務所、難民高等弁務官事務所、世界保健機関、国際労働機関、赤十字国際委員会が置かれ、国際人権法の都となっています。ハーグには国際司法裁判所と国際刑事裁判所があり、ストラスブールには欧州評議会、欧州人権裁判所があります。国際機関を擁する国際都市の平和と安全をモデルとすることができます。

琉球連邦共和国構想にはピース・ゾーンの思想と重なる面が少なくないのではないでしょうか。ピース・ゾーンと言っても、軍隊のない国家のように「国家」を論じる場合と、オーランド諸島やジュネーヴのように「地域」を論じる場合とを同列に論じることはできません。地域から国家への回路は多様です。琉球連邦共和国への移行期において、地域から国家への移行期において、さまざまなピース・ゾーンの理念と経験に学ぶことができるでしょう。グローバルな視野で再構築された松島の琉球独立論は、世界のピース・ゾーンの可能性への提言にもなり、国連人権理事会で検討された国連平和への権利宣言の思想にも貢献しうるはずです。

〈参考文献〉

Christophe Barbey, Non-Militarisation: Countries without Armies. Identification criteria and first findings. Åland fredsinstitut, The Åland Island Peace Institute, 2015.

Marco Mascia, The Human Rights Link in the Statutes of Local Governments: The Pioneering Example of Italy, Pace diritti umani/ Peace human rights, Rivista quadrimestrale, Nuova serie ,anno X, numero 2-3, Maggio-dicembra 2013. Special issue on the right to peace.

前田朗『軍隊のない国家』（日本評論社、二〇〇八年）

前田朗『旅する平和学』（彩流社、二〇一七年）

前田朗・木村三浩編『東アジアに平和の海を』（彩流社、二〇一五年）

9条世界会議実行委員会編『9条世界会議の記録』（大月書店、二〇〇八年）

琉球新報社・新垣毅編著『沖縄の自己決定権』（高文研、二〇一五年）

松島泰勝『琉球独立への経済学——内発的発展と自己決定権による独立』（法律文化社、二〇一六年）

# 第5章　平和への権利を求めて

## 第一節　国連平和への権利宣言

### 一　平和への権利が国際法に

二〇一六年一二月一六日、国連総会は平和への権利宣言を採択しました。賛成一三一、反対三四、棄権一九です。主な反対はアメリカ、EU諸国、日本です。「すべての人は、すべての人権が促進及び保障され、並びに、発展が十分に実現されるような平和を享受する権利を有する」（第一条）のように、宣言の条文に「平和を享受する権利」が書き込まれました。

従来の国際法では、平和と安全の維持が国連の目的として掲げられてきました。国連憲章第一条第一項が「国際の平和及び安全を維持すること。そのために、平和に対する脅威の防止及び除去と侵略行為その他の平和の破壊の鎮圧とのため有効な集団的措置をとること並びに平和を破壊するに至る虞のある国際的の紛争又は事態の調整または解決を平和的手段によって且つ正義及び国際法の原則に従って実現すること」と規定しています。平和と安全は国家間の関係であり、平和に対する脅威や侵略行為のない状態を指していました。「状態としての平和」です。

平和への権利宣言は「すべての人」の権利として「平和を享受する権利」を掲げました。国家間関係としての平和ではなく、「すべての人」の権利としての平和です。単なる「状態」ではなく、「権利としての平和」です。

平和への権利宣言を求める世界キャンペーン運動は二〇〇六年にスペインのNGO「スペイン国際人権法協会」によって始められ、国連人権理事会で議論が始まりました。日本のNGOも早い段階からこれに加わり、国連及び日本国内で平和への権利の普及に努めました。また二〇一七年七月、国連総会は核兵器禁止条約を採択しました。ここでも日本政府は反対しましたが、NGOは条約採択に向けて努力を積み重ねました。日本政府の反対にもかかわらず、平和を求めるNGOは国際平和運動との連帯を強めてきました。

## 二　宣言を求める世界キャンペーン

平和への権利宣言採択を求める世界キャンペーンを始めたのは、二〇〇五年二月に結成されたNGOのスペイン国際人権法協会です。

国連人権高等弁務官事務所勤務を終えてスペインに戻ったカルロス・ビヤン・デュラン同協

会会長は、二〇〇三年三月に本格化したイラク戦争を止めることができなかったことにショックを受けました。欧米各国はもとより、アジアやアフリカ各地でも戦争反対のデモが数万人、時には数十万人規模で実現しました。史上前例のない大規模反戦デモが地球を一周したにもかかわらず、ブッシュ政権は戦争に突入しました。怒りと失望を感じたビヤン会長は、仲間とともに国連平和への権利宣言を求める運動を始めたのです。二〇〇六年一〇月三〇日、ルアルカ（スペイン）でNGO会議を開催し、平和への人権に関するルアルカ宣言を採択しました。

二〇〇七年三月、スペイン国際人権法協会代表が、ジュネーヴで開催された国連人権理事会に参加して、ルアルカ宣言を紹介する発言をしました。国連人権理事会には国連との協議資格を認められたNGOが参加して、各国政府の前で発言することができるからです。

その発言を聞いた私は驚くとともに、大いに反省をせざるをえませんでした。戦争放棄の9条と平和的生存権規定を有する日本のNGOこそ、真っ先に平和への権利を唱えるべきだったからです。私はスペイン国際人権法協会代表と相談して、日本のNGOも世界キャンペーンに加わることを申し出ました。その後、日本では平和への権利宣言国際キャンペーン日本実行委員会が発足し、活動を続けてきました。

スペイン国際人権法協会代表は、二〇〇八年九月一九日、世界平和デーに際して平和への権利アピールを発し、その後世界各地を巡回しました。数人のメンバーが交代で活躍しましたが、もっとも精力的に世界各地を訪問したのが同協会のダヴィド・フェルナンデス・プヤナでした。

二〇〇八年一一月のラプラタ宣言（アルゼンチン）を皮切りに、ヤウンデ宣言（カメルーン）、バンコク宣言（タイ）、ジョハネスブルク宣言（南アフリカ）、サラエボ宣言（ボスニア・ヘルツェゴビナ）、アレクサンドリア宣言（エジプト）、ハバナ宣言（キューバ）を積み重ね、平和への権利の概念を明確化するとともに、各地の平和運動団体に協力のネットワークをつくっていきました。

そして二〇一〇年二月、ビルバオ宣言（スペイン）、同年六月、バルセロナ宣言（スペイン）をまとめながら、国連人権理事会でのロビー活動を繰り広げたのです。

日本実行委員会も二〇一〇年三月、ジュネーヴの国連欧州本部内で平和への権利フォーラムを主催し、スペイン、イタリア、スイス等のNGOと共同行動を開始しました。二〇一〇年六月、九月、二〇一一年三月、八月、二〇一二年二月にもジュネーヴで相次いで平和への権利フォーラムを開催しました。中心的役割を担ったのは平和運動家の塩川頼男（故人）でした。塩川は中部電力思想差別裁判の原告の一人で、他の争議団とともにジュネーヴの国連人権機関に通いました（塩川頼男「中部電力人権争議の勝利的和解に国際活動はどのようにつながったか」『民主法律』二三三号、一九九八年）。争議解決後も塩川は国際民主法律家協会（ＩＡＤＬ）のメンバーとしてジュネーヴに通い続けました。

塩川と協力した市民・法律家が、平和への権利国際キャンペーン日本実行委員会（共同代表・海部幸三、新倉修、前田朗、事務局長・笹本潤）を発足させました。日本実行委員会には日本国際法律家協会（ＪＡＬＩＳＡ）、日本民主法律家協会（ＪＤＬＡ）、国際人権活動日本委員会（ＪＷＣＨＲ）、日本友和会（ＪＦＯＲ）をはじめ多くのＮＧＯが結集しました。

世界中から一〇〇〇を超えるＮＧＯが連携して、二〇一〇年一二月一〇日、国連人権高等弁務官事務所との協力の下、サンティアゴ・デ・コンポステーラ（スペイン）で国際シンポジウムを開き、サンティアゴ宣言をまとめ上げました。日本からは笹本潤（弁護士）が参加しました。

## 三　宣言はこうしてつくられた

ＮＧＯの世界キャンペーンを受けて、国連人権理事会で宣言草案作成が始まりました。

国連人権理事会は、安保理事会や経済社会理事会と並ぶ国連の主要機関です。国連発足以来、経済社会理事会の下に国連人権委員会が置かれ、人権条約や人権宣言などの文書起草を担当してきましたが、二〇〇六年の国連改革によって、人権委員会を改組して人権理事会が設置されました。

人権理事会は四七カ国の政府代表によって構成され、ジュネーヴの国連欧州本部（かつての国際連盟本部）で開催されます。人権条約、宣言、ガイドラインなどの文書作成を続けてきました。

理事国以外の政府代表や国際機関代表もオブザーバーとして参加・発言できますが、政府代表ではない民間人によるNGO代表も参加・発言を認められます。

最近では二〇一七年一一月に日本の人権状況の審査が行われ、数多くの改善勧告が出されたことが報道されました。これは普遍的定期審査（UPR）と呼ばれ、すべての国連加盟国の人権状況を順番に審査する制度です。日本の審査は三回目でした。

平和への権利宣言の議論を当初主導したのはキューバでした。キューバは人権理事会の前身である人権委員会の時代から平和決議に熱心でした。アメリカによるキューバ叩きに抗して、「第三世界」諸国がキューバを先頭に平和決議を推進してきたのです。

二〇〇八年六月一八日の人権理事会決議八／九、及び二〇〇九年六月一七日の人権理事会決議一一／四において、平和への権利に関する議論を行うために専門家委員会を開催することになりました。そこで二〇〇九年一二月、ジュネーヴの国連欧州本部で人民の平和への権利に関する専門家会議が開催されました。同様に二〇一〇年六月一七日の人権理事会決議一四／三に基づいて、同年八月、人権理事会諮問委員会が人民の平和への権利について審議し、検討のために作業部会を設置しました。報告書作成担当はヴォルフガング・ハインツ（ドイツ）です。

諮問委員会は人権理事会の下部機関で、人権理事会からの諮問を受けて専門的に研究します。

政府代表ではなく、専門委員が個人の資格で議論します。人権理事会は国連加盟国四七カ国ですが、諮問委員会は法律や外交に関する一八人の専門家集団です。アフリカ、アジア、東欧、西欧、ラテンアメリカの地域ごとに選出されます。

二〇一一年四月、諮問委員会はそれまでの議論を整理して、人権理事会諮問委員会報告書及び宣言草案（第一草案）を作成しました。その後の審議を経て二〇一二年一月、諮問委員会第二草案が完成しました。これを受けて同年六月、人権理事会に平和への権利作業部会が設置されました。作業部会長はコスタリカ政府が担当し、スペイン国際人権法協会のダヴィド・フェルナンデスがコスタリカ政府のアドヴァイザーとなりました。その後も人権理事会、諮問委員会及び作業部会で審議が続きましたが、議論はなかなか前進せず、むしろ停滞する結果になりました。宣言作成を推進するアジア・アフリカ・ラテンアメリカ各国と、平和への権利に反対するアメリカ、EU、日本の応酬が続いたからです。二〇一三年から一六年春にかけての審議は同じことの繰り返しと言って良いでしょう。

アメリカを先頭とする反対派の理由は、第一に、平和は安保理事会の管轄であり、人権理事会で議論すべきテーマではないというものでした。国連憲章第一条第一項及び第五章を根拠に、平和は安保理事会が担当する国家間関係であると断定します。安保理事会には常任理事国の拒否権があるので、アメリカが反対すれば平和への権利を葬り去ることができます。推進派は、平和が安保理事会の管轄であることを認めつつ、同時に人権問題でもあると主張しました。

第二の理由は、権利は個人のものであって、集団の権利は認められないというものです。当初の段階では、平和への権利を「人民及びすべての個人の権利」として構想していました。アメリカは集団の権利をすべて否定します。しかし国際人権規約共通第一条には人民の自己決定権が明記されています。アフリカ人権憲章をはじめ国際人権法においては、人民の自己決定権や発展の権利など集団の権利が定着していますが、結局、平和への権利を個人の権利を中心に再構成することになりました。

日本政府も人権理事会で反対発言を行ったので、日本実行委員会は日本政府に反対理由を問いただしましたが、明快な回答は示されませんでした。アメリカに追随したと言って良いでしょう。日本国憲法前文には平和的生存権が明記されている上、自衛隊の合憲性が問われた長沼訴訟一審・札幌地裁判決や、自衛隊イラク派兵の合憲性が問われたイラク自衛隊派遣違憲訴訟二審・名古屋高裁判決など、裁判所が平和的生存権が具体的権利であるとして、裁判規範性を認めています。この指摘に対して、日本政府は「平和的生存権を認めた最高裁判決はまだない」と主張しました。

アメリカ、EU、日本の猛反対に直面したコスタリカは、諮問委員会案の修正作業に入らざるを得ませんでした。反対派を説得して、全会一致で平和への権利宣言を実現したいと考えたため、特に反対の強い個所を順次削除し、修正しました。ところが反対派は個別の条項に反対したのではなく、平和への権利そのものに反対でしたから、コスタリカの努力は報われませんでした。ついにコスタリカが作業を断念し、キューバが引き継ぐことになりました。妥協に妥協を重ねて重要条項を削除した宣言案ができあがりました。

このためＮＧＯの側に亀裂が入ることになりました。宣言を成立させることに重点を置くＮＧＯと、当初掲げた理想案に立ち戻ってやり直すべきだと唱えるＮＧＯが対立を余儀なくされたのです。

二〇一六年六月、作業部会長となったキューバは全会一致による採択を断念し、多数決方式での採択方針を打ち出しました。人権理事会では従前から四七カ国のうち三〇カ国以上が平和への権利に賛成してきましたから、多数決での採択は容易に実現できました。

二〇一六年六月、国連人権理事会三二会期において宣言草案が採択され、同年一〇月、国連第三委員会が宣言草案を採択し、さらに一二月一六日、国連総会が平和への権利宣言を採択しました。投票結果は本節冒頭に示した通りです。

## 四　宣言の基本的な考え方

宣言本文はわずか五カ条に過ぎません。しかし国際文書は、その文書に至るまでの歴史的経緯や文脈を踏まえて読む必要があります。手立てとなるのが前文です。前文を見たうえで、条文の意味を読み解くことが必要です（以下、本庄未佳訳による）。

前文は冒頭で、国連憲章、世界人権宣言、二つの国際人権規約（国際自由権規約、国際社会権規約）、ウィーン人権宣言及び行動計画に加えて、植民地独立付与宣言、発展の権利に関する宣言、持続可能な開発目標を含む国連ミレニアム宣言、持続可能な開発のための二〇三〇アジェンダ、二〇〇五年世界サミット成果文書を列挙しています。

続いて前文は武力による威嚇、武力の行使、人民の自決の原則、主権平等などに関する国連憲章上の国家の義務を確認し、「平和の文化の十分な発展は、外国の支配又は占領という植民地的あるいは他の形態の下で生きる人々を含む、国連憲章に掲げられ、かつ、国際人権規約、並びに、一九六〇年の植民地独立付与宣言に具体化されている自己決定に対するすべての人民の権利の実現と一体的に結びついていること」を確認します。

他方、宣言はテロリズムとの闘いを掲げ、「テロ対策措置と人権の保護」の重要性を指摘します。宣言は「平和とは、紛争のない状態だけでなく、対話が奨励され紛争が相互理解及び相互協力の精神で解決される積極的で動的な参加型プロセスを追求し、並びに、社会経済的発展が確保されること」を認めて、現代平和学における平和概念の発展を継承することを示すと同時に、「人類社会すべての構成員の固有の尊厳と平等で譲ることのできない権利とを承認することは、世界における自由、正義及び平和の基礎であることを想起し、平和が人間の固有の尊厳に由来する不可譲の権利の完全な享受により促進される」として、人権の基礎的理解を明示します。

平和の構築には多様で多元的な目標設定と努力が不可欠なので、貧困の根絶、持続的経済成長、持続可能な開発、各国内及び各国間の不平等の是正、武力紛争予防、武力紛争予防の文化の促進、男性と対等な条件での最大限の女性参加、人権及び宗教と信念の多様性の尊重、寛容及び平和の文化を促進する世界対話等に言及します。その上で、「平和の文化及び正義、自由、平和のための人類の教育とは、人間の尊厳に欠くことのできないものであり、かつ、すべての国民が相互の援助及び相互の関心の精神を持って果たされなければならない義務である」と述べます。

最後に宣言は市民社会の役割を強調した上で、次のように述べます。「平和を推進する手段として、全人類、世界の人民及び諸国の間の寛容、対話、協力及び連帯を実践することが非常に重要であると認めることにより、自らをこれらの活動へと導くよう、そのためにも、現在及び将来の世代の双方が、将来の世代を戦争の惨害から免かれるという最高の願望で、平和のうちに共に生きることを学ぶことを現在の世代が確保すべきであり、関係者らに厳粛に招請」すると。

## 五　宣言は何を定めているか

平和への権利宣言は次の五カ条から成ります。

第一条「すべての人は、すべての人権が促進及び保障され、並びに、発展が十分に実現されるような平和を享受する権利を有する。」

主語から人民が削除されましたが、すべての人の権利としての「平和を享受する権利」が掲げられました。日本国憲法前文及び二〇〇五年のブルンジ憲法第一二条は「平和のうちに生きる権利」という表現です。ケニア憲法などいくつかの憲法に「平和への権利」が明記されています。

第二条「国家は、平等及び無差別、正義及び法の支配を尊重、実施及び促進し、社会内及び社会間の平和を構築する手段として、恐怖と欠乏からの自由を保障すべきである。」

平和への権利に対応して国家の責務を示した条項です。平和を国家間関係だけでなく、社会内及び社会間の平和として把握しています。恐怖と欠乏からの自由は大西洋憲章や日本国憲法前文にも用いられています。

第三条「国家、国際連合及び専門機関、特に国際連合教育科学文化機関（ＵＮＥＳＣＯ）は、この宣言を実施するために適切で持続可能な手段を取るべきである。国際機関、地域機関、国家機関、地方機関及び市民社会は、この宣言の実施において支援し、援助することを奨励される。」

宣言の実施を国家、国連、専門機関に求めています。ＵＮＥＳＣＯに言及しているのは、ＵＮＥＳＣＯが長年にわたって平和の文化に関するキャンペーンを実施してきたからです。

第四条「平和のための教育の国際及び国家機関は、寛容、対話、協力及び連帯の精神をすべての人間の間で強化するために促進されるものである。このため平和大学は、教育、研究、卒後研修及び知識の普及に取り組むことにより、平和のために教育するという重大で普遍的な任務に貢献すべきである。」

平和教育についても国家や国際機関の任務を示すとともに、平和大学を明記しています。ここに言う平和大学はコスタリカにある固有名詞の国連平和大学です。

第五条「この宣言のいかなる内容も国連の目的及び原則に反すると解釈してはならないものとする。この宣言の諸規定は、国連憲章、世界人権宣言及び諸国によって批准される関係する国際及び地域文書に沿って理解される。」

解釈に関する注意規定です。

## 六　宣言をいかに把握するべきか

前項でみたように宣言はわずか五カ条に過ぎません。準備過程で作成された諮問委員会案や、国際キャンペーンを展開したNGOによるサンティアゴ宣言と比べると、多くの条項が削除されました。削除されたのは実体的な権利に関する条項と、権利保障のための手続きに関する条項があります。

サンティアゴ宣言には、平和教育（第二条）、人間の安全保障（第三条）、持続可能な環境権（第四条）、不服従及び良心的兵役拒否の権利（第五条）、抵抗権（第六条）、軍縮への権利（第七条）、思想、意見、表現、良心及び宗教の自由（第八条）、難民の地位への権利（第九条）、出移民の権利（第一〇条）、被害者の権利（第一一条）、女性や子どもなど脆弱な状況にある集団（第一二条）といった詳細な権利が網羅されていました。

最終的にこれらの権利条項が削除されたので、できあがった宣言をどう読むかについて見解が分かれます。多様な見解が可能となりますが、両極端を例示してみましょう。

第一の理解は、最後に残った条項だけが平和への権利の内容として認められたのであって、削除された諸条項の内容は平和への権利には含まれないと言うものです。

第二の理解は、削除された諸条項はいずれも平和への権利に必須不可分の内容を含むので、技術的理由から削除されたとしても、これらは平和への権利の内容として理解されるべきだと言うもので、前文と各条文を総合的に把握しようとします。

国際キャンペーンの中心人物の一人であったダヴィド・フェルナンデスは、宣言準備過程における議論経過をたどり直して、平和への権利をあらゆる人権条項の基礎として位置づけることを提唱しています。

フェルナンデスは、諮問委員会草案とウィーン宣言（一九九三年のウィーン世界人権会議の成果文書）を連結することによって、その意味内容を確定しようと試みます。平和への権利宣言に至る国際人権法の発展過程の総体を継承して、これらを平和への権利宣言にまとめることによって、将来の国際人権法の礎石を提示したとの理解です。それゆえフェルナンデスは、第一に教育権、第二に抵抗と抑圧への反対、第三に人間の安全保障、第四に平和維持、第五に発展の権利、第六に環境権、第七に被害者及び被害を受けやすい人々の救済、第八に難民と移住者の権利が平和への権利の内実を成すと理解します。

## 七　日本ＮＧＯの活動と課題

最後に日本ＮＧＯの活動を概括しておきましょう。日本ＮＧＯは、第一に国連においてＮＧＯ会議を主催し、第二に国連人権理事会で平和への権利を求め、９条や平和的生存権を紹介する発言を行いました。第三に諮問委員会で福島原発被災者の避難の権利について発言し、第四に平和への権利作業部会で平和への権利の内容充実のために発言し、第五に国際ＮＧＯ声明づくりに積極的に加わりました。第六に国際キャンペーンメンバーを何度も日本に招聘して、各地で講演会を開催し、第七に日本政府・外務省に要請行動を行い、第八にその他各種の市民集会を開催し、第九にパンフレット、著書を出版しました。宣言採択後にも各地で平和への権利学習会を積み重ねました。

宣言を採択することが最終目標ではなく、平和への権利を実現し、平和を求める世界の運動を発展させることが課題です。そのために今後も理論と実践の研鑽が不可欠です。

## 第二節　紛争の文化から平和の文化へ

### 一　平和の構想力

現在、非暴力平和運動の理論と実践は厳しい反省を迫られています。国際社会レベルでも、東アジアの地域レベルでも、国内レベルでも、市民社会レベルでも、諸個人の思想においても、平和を紡ぐための理論と実践が様々に追及されています。

ルールなきグローバル・ファシズムの時代に翻弄されながら、私たちはあらゆる羅針盤と海図と構想力を駆使して次の一歩を進めなければなりません（木村朗・前田朗編『21世紀のグローバル・ファシズム』）。平和の構想力、ピース・ゾーンの思想が改めて問われています。そのために検討・議論するべき手がかりは世界各地に散在しています。

本節では『平和人権』特別号に掲載されたクリスチャン・ギジェルメ・フェルナンデス&ダヴィド・フェルナンデス・プヤナの論文「紛争の文化から平和、人権、発展の文化へ」を紹介します。

クリスチャン・ギジェルメはコスタリカ政府在ジュネーヴ国連代表部大使、国連人権理事会平和への権利宣言作業部会特別報告者です。ダヴィド・フェルナンデスはNGOのスペイン国際人権法協会メンバーとして平和への権利宣言のロビー活動を担い、そのために訪日歴もあります。

執筆時はクリスチャン・ギジェルメ特別報告者の法律アドヴァイザーでした。その後UNESCOの平和構築プロジェクト部門を経て国連平和大学に勤務しています。

## 二　紛争の文化から平和の文化へ

### 1　序文

ギジェルメ&フェルナンデスは序文で主に次のように述べます。

二〇一二年、国連人権理事会は「平和の文化の促進」に関する決議二〇／一五を採択しました。この決議により、人権理事会諮問委員会が起草した平和への権利宣言草案の外交交渉を行う作業部会が設置されました。国際法における新たな法規範を創造するために、国際慣習の文脈で同意されていることを分析します。

また条約や慣習を補足するものとして、一般原則（たとえば平和）が果たす役割を研究します。平和と人権の関係も、国連憲章や世界人権宣言に照らして考究します。加えて平和、寛容、諸国民の友好の促進におけるユネスコの役割も見ていきます。特に平和の文化に関する宣言と行動計画を分析し、諮問委員会草案と接合したい。紛争や戦争における人権の重大侵害、生命と人権、人間の尊厳も検討のための手掛かりとなるからです。

## 2　国際法と比較法

ギジェルメ&フェルナンデスは、国際法における法源として条約、国際慣習、法の一般原則を確認します。国際慣習とは、諸国の間で広く採用されてきた実行や合意であり、改めて個別の合意を要しないものです。法の一般原則は国際法のダイナミックな要素であり、条約や慣習を補完します。一般国際法における他国の事象に対する不介入の原則、武力による脅迫や武力の行使の禁止、紛争の平和的解決、人権の尊重、人民の自己決定権等です。これらの原則は、一九七〇年に国連総会で採択された「国連憲章に合致する、諸国間の友好関係と協力に関する国際法の諸原則に関する宣言」に盛り込まれています。

ギジェルメ&フェルナンデスによると、平和と人権の関係は国連憲章第一条二項の国際平和の概念、及び同第一条三項の人権と基本的自由の尊重の強化をもとに検討するべきです。国連憲章第五五条及び第五六条も国連の基礎としての平和に言及しています。一九四八年の世界人権宣言、一九六六年の二つの国際人権規約、その他の国際人権諸条約も重要です。

ギジェルメ&フェルナンデスは、一九八〇年の国連教育科学文化機関（UNESCO）の「新しい人権――連帯の権利に関するコロキウム」（メキシコシティ）、その報告書「人権、平和、発展の間に存在する関係に関するセミナー報告書」に言及します。一九七八年、国連総会は「平和における生活のための社会の準備に関する宣言」を決議しました。決議は世界人権宣言と同様の法的文書です。

さらに一九八四年、国連総会は「人民の平和への権利に関する宣言」を採択しました。国連憲章に従って、他国の事象に対する不介入の原則、武力による脅迫や武力の行使の禁止、紛争の平和的解決、人権の尊重、人民の自己決定権、主権の平等を定めています。宣言は、①地球の人民の平和への不可侵の権利、②平和への人民の権利の維持、その履行の促進が各国の基本的義務であること、③各国の政策が戦争の脅威を除去するものであること、④すべての諸国と国際機関が人民の平和への権利の履行の努力をすることを掲げています。

その上で、ギジェルメ&フェルナンデスは平和への人権へのUNESCOの貢献を確認します。世界人権宣言五〇周年にあたる一九九八年、UNESCO加盟国、国際機関代表、NGO等がパリのUNESCO本部で「平和の文化の基礎としての平和への人権に関する宣言」について検討しました。宣言は平和への人権の法的基礎、平和の文化との関係を示しています。コフィ・アナン国連事務総長は「平和を求める闘いは人権を求める闘いである」という思考を打ち出しました。ただEU諸国は人権としての平和概念に疑義を呈しました。

その後の関連文書として、七つの国家の憲法に平和への権利が規定されています。ボリビア憲法一〇九条は「ボリビアは平和国家であり、平和の文化と平和の権利を促進する」と記す。

①ブルンジ憲法一四条は「すべてのブルンジ国民は平和と安全のうちに生きる権利を有する」と明示します。

②カメルーン憲法二三条は「すべての人民は国内及び国際の平和への権利を有する」とします。

③日本国憲法前文は「全世界の国民が、恐怖と欠乏から免れ、平和のうちに生存する権利を有する」と定めます。

④コンゴ共和国憲法五二条は「すべてのコンゴ国民は、国内レベルでも国際レベルでも平和と安全への権利を有する」と規定します。

⑤ギニアビサウ憲法五条は「国民の尊厳、並びに自由、前進、平和への人民の権利」に言及します。

⑥ペルー憲法二・二二条は「すべての個人は、平和、平穏、余暇の享受、休養への権利、並びにその生活のために均衡のとれた適切な環境への権利を有する」と列挙します。

さらに地域的人権文書として、アフリカ人権憲章及びASEAN人権宣言も集団的権利としての平和への権利を認めています。判例としてはコロンビア、コスタリカ、日本（札幌地裁、名古屋高裁、岡山地裁）、韓国の裁判所が平和への権利を認めました。

次にギジェルメ&フェルナンデスは、一九九九年に国連総会が採択した「平和の文化に関する宣言と行動計画」に言及します。二〇〇〇年から「平和の文化の国際年」が始まり、多くの国際会議やプロジェクトが展開されました。こうした成果を踏まえて二〇一二年、人権理事会諮問委員会が「平和への権利に関する国連宣言草案」を作成したのです。

ギジェルメ&フェルナンデスによると、二〇一四年一月二八～二九日、ラテンアメリカとカリブ海諸国（CELAC）首脳がハヴァナ（キューバ）において、ラテンアメリカとカリブ海諸国をピース・ゾーンと宣言したと言います。

## 3　生命権、平和権、人間の尊厳

次にギジェルメ&フェルナンデスは生命権と平和権の連結について論じます。

生命権は世界人権宣言、国際自由権規約をはじめとする多くの国際文書において基本権とされています。生命権は至高の権利と理解され、生命権が効果的に保障されなければ、他の諸権利は意味をなしません。生命権を狭く理解するべきではなく、伝統的に平和や安全保障と結びつけて理解されてきました。両者を直接結びつけたのは一九三三年三月四日のルーズベルト米大統領の演説でした。それが大西洋憲章を経て国連憲章前文に取り入れられました。一九六九年の赤十字のイスタンブール宣言、一九九三年のウィーン人権宣言、一九九九年の平和の文化に関する宣言と行動計画、二〇〇一年のダーバン人種差別反対世界会議宣言など多くの国際文書や、国連決議において生命と平和の結びつきが確認されました。

ギジェルメ&フェルナンデスはさらに人間の尊厳に言及します。世界人権宣言前文は「人類社会のすべての構成員の固有の尊厳と平等で譲ることのできない権利とを承認することは、世界における自由、正義及び平和の基礎である」と始まります。同第一条は「すべての人間は、生れながらにして自由であり、かつ、尊厳と権利とについて平等である。人間は、理性と良心とを授けられており、互いに同胞の精神をもって行動しなければならない」とします。生まれながらの尊厳が掲げられました。

この表現は、例えば一九九八年のルワンダ国際刑事裁判所によるフルンジヤ事件判決において、人道に対する罪としての強姦を定義する際に用いられました。人間の尊厳は、第二次大戦の悲劇を踏まえて国際法の基礎的中心概念となりました。人間の尊厳概念には戦争における人道違反を禁止することが含まれているのです。

人間の尊厳と人権はコインの両面のように密接に結びついています。両者は真の基本権です。人間の尊厳は恐怖からの自由を必要とします。極貧の根絶、初等教育の普遍化、ジェンダー平等と女性のエンパワーメント、エイズ等の病気との闘い、環境保全、テロ予防、大量破壊兵器の廃絶、戦争のリスクの縮減、平和維持と平和構築、軍縮が求められます。

ギジェルメ&フェルナンデスは再び世界人権宣言を引用します。第二九条第一項は「すべて人は、その人格の自由かつ完全な発展がその中にあってのみ可能である社会に対して義務を負う」とします。生命権、平和権、人間の尊厳を可能とする社会でなければ、市民に義務を課すことができないことになります。

## 4　戦争と紛争から自由な世界

最後にギジェルメ&フェルナンデスは戦争と紛争から自由な世界の実現を訴えます。

ヴァルベールの一八九四年の著作によると、紀元一五〇〇年から一八六〇年までに八〇〇〇もの平和条約が調印されました。このことは平和の紛争に対する完全勝利が果たされていないこと、平和がプロジェクト状態にあることを示します。

二〇世紀の国際社会は戦争から自由な国際秩序の創設を試みました。平和運動家たちは戦争予防のための国際組織を提言し、国際連盟や国際連合という平和のための国際機関が設立されました。国連決議は繰り返し平和の実現を求めてきました。こうした歴史を踏まえれば、誰もが戦争と紛争なしに世界で生存する権利を有しているべきであり、国際社会はそのために必要なメカニズムのすべてを作動させるべきです。国連人権理事会は戦争を非難するために犠牲者の声を重視してきました。戦争と紛争を根絶するために相互理解、寛容、人権尊重、平和的関係を促進する必要があります。

国際社会には、戦争と紛争から自由な世界に生きる権利を強く求める声なき者たちの声に耳を傾ける義務があります。

## 三　若干のコメント

ギジェルメ&フェルナンデス論文は、国連人権理事会平和への権利宣言作業部会特別報告者の任務のために執筆されました。

作業部会以前には、人権理事会諮問委員会の宣言草案がまとめられていました。専門家委員によって構成される諮問委員会と違って、人権理事会は四七カ国の政府が委員です。そこにはアメリカ、EU、日本という、平和への権利宣言に強い反対を唱える諸国がいます。実際、ギジェルメ特別報告者の任務は困難を極めました。ギジェルメ特別報告者の精力的な根回しにもかかわらず、諮問委員会草案はずたずたにされていきました。重要な条文が削除されました。平和への権利を権利と認めないアメリカや日本の全面拒否のため、宣言草案作りは暗礁に乗り上げたのです。

ギジェルメ&フェルナンデス論文は、こうした事態を打開することを目指して、平和への権利の基本思想の理解を得るべく書かれたものです。宣言草案を支持するアフリカやラテンアメリカ諸国に受容され、平和を求めるNGOにも支持されました。

しかしアメリカやEU諸国の賛同を得るために妥協を余儀なくされました。ギジェルメ&フェルナンデス論文は基本思想を展開しましたが、具体的な草案はごく単純で、僅かの条文だけが残ることになりました。その過程を示す思考の展開として本論文は重要でありつつも、人権理事会における作業としては大幅な制約を課せられることになりました。

最後に、宣言作りから離れて、日本における議論との関係で本論文の注目点を二つ指摘しておきます。

第一に、平和への権利に言及した憲法は七つあるとされています。ボリビア、ブルンジ、カメルーン、日本、コンゴ共和国、ギニアビサウ、ペルーです。特にブルンジ憲法一四条は重要です。ブルンジ憲法一四条は「すべてのブルンジ国民は平和と安全の内に生きる権利を有する」と述べます。従来、日本国憲法前文の平和的生存権規定は他に類例がないと考えられてきました。今後は「戦争放棄を定めた憲法はたくさんあるが、平和的生存権を定めているのは日本国憲法だけだ」と言うことはできません。

第二に、二〇一四年一月二八〜二九日、ラテンアメリカとカリブ海諸国（CELAC）首脳がハヴァナ（キューバ）において、ラテンアメリカとカリブ海諸国をピース・ゾーンと宣言したと言います。諮問委員会による宣言草案にもピース・ゾーンの規定がありました。私が書き入れた条項ですが、人権理事会で削除されました。

二〇〇〇年代に大阪市、堺市、枚方市、京都市、奈良市、国立市、荒川区、川崎市等多くの地方自治体で、ジュネーヴ諸条約第一選択議定書に基づいて無防備地域宣言条例を作ろうという平和運動が展開されました。日本型ピース・ゾーンの思想が構築されました。しかし日本政府も各自治体もピース・ゾーンの思想を否定しました。自治体首長の中で賛成したのは国立市長と箕面市長だけです。国立市議会も箕面市議会もこれに反対しました。しかしフィリピンのピース・サンクチュアリ運動やコロンビアのピース・ゾーンなど国際的にはピース・ゾーンの思想が多様な形で発展しています。CELACピース・ゾーンは次のステップとして重要です。

## 第三節　平和・人権・発展

### 一　はじめに

クリスチャン・ギジェルメとダヴィド・フェルナンデスは多数の共同論文を執筆しています。本節では雑誌『ＥＲＵＤＩＴＩＯ』に掲載された「国連総会が平和への権利宣言を採択した――新しいミレニアムに平和、人権、発展の結びつきを強化する機会」という論文（英文）、及び二人の共著『平和への権利――過去、現在、未来』（平和大学、英文）を紹介します。

フェルナンデスはサンティアゴ宣言の作成に関与しましたが、自ら宣言案の大幅削除を担当することになりました。ギジェルメは諮問委員会案を高く評価していましたが、妥協策として削除を主導することになりました。つまり二人の著者は内容豊富な宣言を求めながらも、苦渋の末、自ら宣言案を削除せざるをえなかったのです。本論文にもその立場を見て取ることができます。本論文は冒頭で次のように要約されています。

「戦争と平和は絶えず相反的である。平和は終わりなきプロジェクトであり、夢でさえあり、地上のすべての者の友愛において実現されるとみなされている。現在の世代は、自分たち及び将来の世代が、将来の世代を戦争の惨禍から免かれさせることを希求し、平和のうちに共に生きることを学ぶことができるようにするべきである。国連憲章は平和を維持するための不可欠の基礎原則を定めた歴史上もっとも厳粛な契約である。最近、すべての人間、人民、諸国民の間に寛容、対話、協力、連帯を実現することの重要性を承認する共同の努力をする文脈において、国連総会は犠牲者をして戦争を強く非難せしめ、すべての人権が促進・保護され、発展が完全に実現される平和を享受する不可分の権利を強調した。」

## 二　採択に至る過程

二〇一六年七月一日の国連人権理事会、及び二〇一六年一一月一八日の国連第三委員会による採択に続いて、二〇一六年一二月一九日、国連総会は平和への権利宣言を賛成一三一、反対三四、棄権一九の賛成多数で採択しました。

賛成は「第三世界」諸国、とくに非同盟諸国会議に加わった諸国が目立ちます。反対の中にはオーストラリア、オーストリア、ベルギー、ブルガリア、カナダ、チェコ、デンマーク、フィンランド、フランス、ドイツ、ハンガリー、アイルランド、日本、ルクセンブルグ、オランダ、ニュージーランド、韓国、スペイン、スウェーデン、イギリス、アメリカなど西側諸国が含まれます。イタリア、ノルウェー、スイス等が棄権しました。

国連第三委員会七一会期における採択時には、市民社会組織が多数集合し、来たるべき世代のために有意義な宣言を採択して、前進するよう国連加盟国に呼びかけました。

国連第三委員会決議（A/C.3/71/L.29）は、平和の促進に関する過去の国連総会諸決議に言及しています。最新の二〇一五年決議では、この惑星の人民が平和という神聖な権利を持つと確認するだけではなく、宣言をまとめるために作業部会が設置されたことを歓迎しています。

ジュネーヴで開催された人権理事会における平和への権利に関する作業を大半の諸国が支持したが、平和への権利が国際法に含まれると認めない国もありました。しかしコスタリカのクリスチャン・ギジェルメ大使（作業部会議長）は非常に開かれた手続きを採用し、三会期にわたって作業部会での審議を行いました。国連加盟国の多数は平和への権利宣言を支持しましたが、多くの西欧諸国が第三委員会を棄権しました。この宣言に至るまで、国連加盟国のみならず市民社会組織も含めて三年に及ぶ議論がなされました。

この積極的なアプローチは次の三つの要素に照らして進められました。①国際法及び国際人権法。②人権分野における国連人権理事会の任務。③過去数年間にわたって人権理事会で繰り返し積み上げられた平和への権利に関する諸決議。

宣言のタイトルや議長が提案した第一条について必ずしも一致が得られたわけではありません。しかし国連第三委員会において指摘されたように、宣言は「新しいアジェンダ二〇三〇」を発展させ、国連の三本の柱（平和、安全保障、発展・人権）を強化します。宣言前文に多くの諸要素が含まれているのは、国連加盟国の間にあるさまざまな見解を反映するためにバランスを取ったからです。

## 三　平和への権利のマニフェスト

### 1　はじめに

クリスチャン・ギジェルメ&ダヴィド・フェルナンデス著『平和への権利――過去、現在、未来』（平和大学、英文）が出版されました。平和への権利宣言採択に至る議論の中心人物であった二人の著者による総括です。

国際的には「権利としての平和」を取り上げた専門研究書はまだ少ないといってよいでしょう。平和学や平和思想の書物は多数ありますが、「権利としての平和」に絞った一冊として、大きな意義を有すると思われます。

憲法に平和的生存権規定のある日本では、平和的生存権をめぐる理論的実践的研究の豊かな蓄積があり、国際的視野で平和的生存権を位置付ける試みもあります。二〇〇六年以後の平和への権利国際キャンペーン発進以後、平和への権利と平和的生存権の相互関係をいかに把握するかという課題も意識されてきました。

こうした段階で世に問われた同書は、平和への権利の理論的かつ実践的「マニフェスト」であり、日本の議論との相互触発も期待される重要著作です。

## 2 同書の構成

冒頭には一〇人の識者による紹介文が収録されています。マヌエル・ゴンザレス（コスタリカ外務大臣）、フランシスコ・ロハス（国連平和大学教授）、カルメン・パラ（ユネスコ平和担当責任者）、フェデリコ・マヨール（平和の文化財団理事長、ユネスコ元事務局長）、アントニオ・パピスカ（ユネスコ人権・民主主義・平和担当責任者）、マルコ・マシア（パドヴァ大学教授）、ミゲル・ボセ（国境なき平和財団創設者）、ミコル・サビア（国際民主法律家協会ジュネーヴ代表）、マリア・メルセデス（NGOパパ・ジョヴァンニ・ジュネーヴ代表）、オリヴァー・カーソン（青年平和構築国連ネットワーク・ジュネーヴ代表）です。

続いてプロローグとしてモナ・ズルフィカ（国連人権理事会諮問委員会・平和への権利作業部会長）による献辞が収められています。

ギジェルメ&フェルナンデスは国連機関において平和の権利の議論が進展し、平和への権利宣言が採択されたパラダイム・チェンジを、様々な人種や文化の子どもたち、若者たち、大人や高齢者が、平和に満ちた世界、憎悪のない世界を夢見る権利さえ奪われてきたことに平和裏に抗議してきた帰結と位置付けます。友愛を夢見て人類の希望を求めること、それが世界平和の要請だからです。ギジェルメ&フェルナンデスは二一世紀初頭には戦争と暴力が吹き荒れているが、今日、戦争と紛争から免れた世界に生きる権利を求める声なき声を聞き取ることが国際社会の義務であると述べて、序文を閉じます。

本文の構成は、第一部第一章で「平和への権利への哲学的アプローチ」を検討し、第二章で「冷戦期における平和アジェンダ」として「世界レベル」では、平和的生存のための社会準備に関する宣言、及び人民の平和への権利宣言を、「地域レベル」では、アフリカにおける人民の平和と安全への権利、及び南東アジア地域における人権と平和の役割を論じます。さらに第三章で「冷戦後における平和アジェンダ」として、ユネスコにおける平和への人権に関するイニシアティヴ、国連の議論をまとめます。

第二部第一章で「平和への権利宣言の分析」を試み、人権理事会決議と作業部会長案の比較分析、人民の平和への権利への伝統的アプローチ、平和への権利への人権アプローチを踏まえて、宣言の研究を行います。さらに第二章「将来の条約に向けて」では、その可能性、国連総会におけるコンセンサスの意義、より包括的な方法での検討要素を検討します。そして第三章「紛争の根源の撤廃における人権理事会の役割」では、人権理事会と平和、平和への権利宣言の実施を議論します。

このうち第一部第三章「冷戦後における平和アジェンダ」の「国連」は、序論、人権委員会、人権理事会、人権理事会諮問委員会、平和への権利作業部会、平和への権利宣言採択の過程を八〇頁にわたってトレースしています。

また、第二部第一章「平和への権利宣言の分析」の「宣言の研究」は前文及び各条文の分析に九〇頁を費やしています。本格的な研究であることが見て取れます。

### 3　平和への権利宣言への道

平和的生活のための社会準備に関する宣言

ギジェルメ&フェルナンデスは「冷戦期における平和アジェンダ」を世界レベルと地域レベルの二つに分けて、平和への権利への道を整理します。

一九七八年一二月四日、ポーランド政府が二八カ国の賛同を得て決議案を国連総会に提出しました。二八カ国とはアジア、ラテンアメリカ、アフリカ及び東欧圏の諸国です。アメリカ、西欧諸国、日本は含まれません。国連総会は同年一二月一五日に平和的生活のための社会準備に関する宣言を、賛成一三八、反対一、棄権二（アメリカ、イスラエル）で採択しました。この時は西欧諸国も日本も賛成投票しました。

アメリカは、人種主義や人種差別の宣伝は厭うべきものだが、思想や言論について政府が基準を決めることは容認できないと述べ、平和的生活宣言に反対しました。オーストラリア、アメリカ及び西欧諸国は、宣言が平和的生活に言及するのは良いが、基本的人権について言及しているのは不適切だと述べました。日本は、宣言のテキストの一部（特に平和に対する罪概念）にはさらに検討が必要であると述べました。これに対してポーランドは、宣言は現実的なものであり国際平和を強化すると述べました。

平和的生活のための社会準備に関する宣言という構想は、一九七四年一二月一〇日、当時ポーランド統一労働者党中央委員会第一書記だったエドワード・ギエレクの演説に由来するということです。ギエレクは偏見、不寛容、人種主義を克服する課題に触れ、他国を尊重し、自由、平等、平和に生きるすべての者の権利を強調しました。

ギジェルメ&フェルナンデスによると、宣言は四つの部分から成ります。前文は諸国間の友好的関係と協力を唱えます。宣言第一部は八つの主要原則を掲げます。第二部は各国に宣言を翻訳するように呼びかけています。第三部は宣言の履行に向けた措置を講じるよう各国に呼びかけます。宣言第一部は具体的に、社会と若い世代を民主主義、開放性、寛容、人種平等、正義の平和的価値に導く教育やメディア情報の意義を語り、そのための二国間及び国際的協力を唱えます。ギジェルメ&フェルナンデスはフォローアップも紹介しています。

例えば一九八一年二月一三日、国連事務総長は宣言の規定の履行を促進するよう各国宛てに覚書を出しました。一九八一年一月三〇日、国連事務総長は平和の精神、平和的共存、友好的協力を人々に教育するためのイニシアティブをとるようUNESCO事務局長に手紙を出しました。一九八一年八月三一日、キューバ、ドイツ連邦共和国、ハンガリー、クウェート、メキシコ、ポーランド、ルワンダ、セネガル及びウクライナは、国連事務総長の要請に応答する回答を出しました。そこでは帝国主義勢力、植民地主義、新植民地主義、アパルトヘイト、人種主義政策への強い非難が示されました。人民の独立、連帯、自己決定権、緊張緩和、軍需制限、軍縮、信頼構築等が呼びかけられたのです。

一九八一年一二月九日、国連総会は「平和的生活のための社会準備に関する宣言の履行」決議を採択しました（賛成一四三カ国、棄権はアメリカとイスラエル）。アメリカは宣言が人権に言及しているのは不適切であると述べました。アメリカと同様にEC（欧州共同体）諸国も、宣言前文に一部留保を付しました。

さらに一九八二年一一月一六日、国連総会は国連経済社会理事会の決議を受けて、コスタリカが提出した「国際平和年（一九八六年を国際平和年とする）」決議を全会一致で採択しました。

一九八四年一二月一七日、国連総会は「平和的生活のための社会準備に関する宣言の履行」決議を採択しました。賛成一一九、棄権二八（アメリカと日本を含む）です。決議は一九八六年の国際平和年に各国の参加を呼びかけ、世界平和、国際理解、相互協力の継続的条件の確立のために国連各国の人民の決定を確認し、現在および将来の世代のための正当な平和の確立、維持、強化のための各国及び政治家等の役割と責任を承認し、国連事務総長に一九八六年の国際平和年に宣言履行を検討する専門家パネルの開催を求めました。

一九八七年一二月七日、国連総会は「平和的生活のための社会準備に関する宣言の履行」決議を採択しました。賛成一二八、棄権二四です。この時もアメリカは、社会は平和的生活を準備するものではなく、決議が基本的人権に言及しているとして棄権しました。

一九八八年一二月七日、国連総会は「平和的生活のための社会準備に関する宣言採択一〇周年」決議を採択しました。賛成一二八、棄権二四です。

最後に二〇〇二年一二月一二日、国連総会は「平和的生活のための社会準備に関する宣言の履行」決議を投票なしで採択しました。

## 人民の平和への権利宣言

次にギジェルメ&フェルナンデスは一九八四年の人民の平和への権利宣言を取り上げます。

一九八四年七月一一日、モンゴルが国連総会第三九会期の議案に「人民の平和への権利」を追加して、人民の平和的生活達成の闘いを支援するよう要請しました。そこで同年一一月一二日、審議が行われました。大半の諸国は人民の平和への権利は国連憲章と合致して国際共同体の承認を得ていると唱えました。特に国連憲章第二条が参照されました。多くの国は軍縮、武器競争の制限、各国の経済発展、正義は人民の平和への権利の促進にかかっていると考えました。これに対してEU諸国は人民の平和への権利には法的根拠がない、平和概念は国連憲章の想定とは合致しないと主張しました。

ギジェルメ&フェルナンデスはモンゴル、ソビエト連邦、ドイツ民主共和国、ブルガリア、ヴェトナム、ハンガリー、ポーランド、ベラルーシ、ラオス、チェコスロヴァキア、インド、キューバ、マレーシア、フィリピン、アイルランドの発言を紹介しています。人民の平和への権利宣言を支持したのは九二、棄権が三四（日本を含む）、欠席が二九でした。

ギジェルメ&フェルナンデスは宣言前文に次の六項目を確認します。

① 国際平和と安全の維持が国連の原則である。

② 国際法の基本原則は国連憲章に書かれている。

③ 戦争の根絶、核の恐怖の終結がすべての人民の意思と熱望である。

④ 戦争のない生活が国連による権利と基本的自由の保障につながる。

⑤ 核時代において地上の平和を確立することが人間文明の継続になる。

⑥ 人民の平和的生活の維持が各国の義務である。

宣言のフォローアップも順次紹介されています。一九八五年一〇月二四日、国連総会はコスタリカが提出した国際平和年の決議を採択しました。同年一一月一一日、国連総会はコスタリカが提出した、核時代において地上の平和を確立することが人間文明の継続になるとする決議を投票なしで採択しました。さらに同日、人民の平和への権利に関する決議を賛成一〇九、棄権二九（日本を含む）で採択しました。

一九八六年四月四日、国連事務総長は国連総会決議に基づいて、同年の「国際平和年」に各国政府を招待するメモを回覧しました。

同年一〇月二四日、国連総会は人民の平和への権利決議を賛成一〇四、棄権三三（日本を含む）で採択しました。同決議はすべての諸国と国際機関に人民の平和への権利の履行への寄与を呼びかけ、国連事務総長に次会期にこのテーマの報告書を提出するよう要請しました。イギリスは、一九八四年宣言は国連憲章に合致しているかどうか疑問があると述べて、棄権しました。アメリカもほぼ同じ意見を表明しました。

一九八八年二月一二日、国連事務総長は国連総会決議に従って各国政府と国際機関に人民の平和への権利に関する見解を寄せるよう要請しました。ブルネイ、ブルキナファソ、ベラルーシ、ポーランド、ソビエト連邦など一三カ国がこれに回答しました。

さらに同年一一月一一日、国連総会は人民の平和への権利に関する決議を賛成一一八、棄権二九（日本を含む）で採択しました。

次いで二〇〇二年一二月一八日、国連総会は人民の平和への権利に関する決議を賛成一一六、反対五三（西欧諸国、アメリカ、日本を含む）、棄権一四で採択しました。この決議は、人民の平和への権利の行使を確保することは各国の政策が戦争、特に核戦争の脅威の根絶、国際関係における武力の行使の威嚇と武力の行使の放棄、国連憲章に基づいた国際紛争の平和的解決に向けられることを求めました。決議はすべての国家が国際平和と安全の確立、維持、強化を促進すべきであると求めました。

最後に二〇〇三年三月二二日、国連総会は「すべての者によるすべての人権の完全な享受のための必要としての平和の促進」決議を賛成一二〇、反対五〇、棄権一〇で採択しました。この決議は二〇一二年に国連人権理事会に平和への権利に関する作業部会を設置することにつながりました。

## 4　若干のコメント

ギジェルメ&フェルナンデスの論述に明らかなように、平和的生活のための社会準備に関する宣言についての議論は一九七八～八八年の出来事です。人民の平和への権利宣言の議論も一九八四～八八年の出来事です。

ギジェルメ&フェルナンデスは、それに続いて二〇〇二年の決議を追加しています。人民の平和への権利宣言の議論の最後にも二〇〇二～〇三年の決議を追加しています。その上で二〇一二年の国連人権理事会の作業部会に一行だけ言及しています。

この経過の意味について、ギジェルメ&フェルナンデスは特に説明を付していません。一九八八年と二〇〇二年という日付の意味は何なのか、言及がありません。

一九八八年以後の中断は、ソ連東欧圏社会主義陣営の崩壊、それに伴う「冷戦終結」によって説明することができます。それまで人民の平和への権利宣言はアジア・アフリカ・ラテンアメリカ及び社会主義陣営の協力によって実現してきました。これに疑問をさしはさみ、投票において棄権を繰り返したのが西側陣営でした。ソ連東欧圏の崩壊に伴って、それまでと同じ決議案を提出することができなくなりました。

それでは二〇〇二年は何を意味するのでしょうか。これは二〇〇一年九月一一日の「九・一一」以後の国際情勢に対応したものです。九・一一を受けて「テロとの戦争」を呼号したアメリカは事実上の「世界永続戦争」の主となりました。アフガニスタン戦争、イラク戦争によって二一世紀は間断なき戦争の時代に突入したからです。

これに対する危機感から、アジア・アフリカ・ラテンアメリカ諸国が再び人民の平和への権利に注目して決議案を提出し、国連における議論を始めたのです。国連安保理事会が事実上の戦争推進政策を矢継ぎ早に取ったのに対して、国連総会では戦争に反対し、あるいは戦争における民間人の犠牲に抗議して、人民の平和への権利を唱えたのです。国連総会の議論を受けて、二〇〇二年から国連人権委員会での議論が始まりました。二〇〇五年の国連改革によって国連人権理事会が設置され、二〇〇七年から国連人権理事会で平和への権利の議論が始まりました。

二〇〇二年三月に国連人権委員会で人民の平和への権利に関する議論が始まりました。この時、私はこれを見落としていました。国連人権委員会の二〇〇二年会期に参加していたのですが、人民の平和への権利の議論の審議の際には会場にいなかったようです。人種差別撤廃委員会の傍聴に行っていたのか、それともぼんやりと観光に出かけていたのかもしれません。

二〇〇二年の国連人権委員会の議論を私に教えてくれたのは塩川頼男（故人）です。塩川は国際民主法律家協会（ＩＡＤＬ）の資格で、国連人権委員会に参加・傍聴していたので、平和への権利の議論が始まったことに驚いて、私に教えてくれたのです。

国連人権理事会で人民の平和への権利の審議が始まった時、塩川と私は、その重要さを日本に紹介する作業を始めました。そこにスペイン国際人権法協会の平和への権利世界キャンペーンが重なったのです。そのスポークスマンがダヴィド・フェルナンデスでした。塩川と私はダヴィドに、日本のNGOも平和への権利キャンペーンに全面協力すると申し出て、それ以後の共同作業となったのです。

なおギジェルメ&フェルナンデスが一九八八年と二〇〇二年の意味について沈黙しているのは、執筆者の一人ギジェルメがコスタリカの現職外交官であり、政府の一員であることから、国際政治への直接の言及を控えたのだろうと思われます。

〈参考文献〉

Spanish Society for International Human Rights Law, The International Observatory of the Human Right to Peace,2013.

Christian Guillermet Fernández and David Fernández Puyana, From a Culture of Conflict to a Culture of Peace, Human Rights and Development, Pace diritti umani/ Peace human rights, Rivista quadrimestrale, Nuova serie ,anno X, numero 2-3, Maggio-dicembra 2013. Special issue on the right to peace.

Christian Guillermet Fernández and David Fernández Puyana, The General Assembly adopts the Declaration on the Right to Peace: An opportunity to strengthen the linkage between Peace, Human Rights and Development in the New Millennium, ERUDITIO, Volume 2, Issue 3, March 2017, pp40-62.

Christian Guillermet Fernández and David Fernández Puyana, The Rights to Peace, Past Present and Future. University for Peace, 2018.

笹本潤・前田朗編『平和への権利を世界に』（かもがわ出版、二〇一一年）

反差別国際運動『平和は人権――普遍的実現をめざして』（解放出版社、二〇一一年）

平和への権利国際キャンペーン日本実行委員会編『いまこそ知りたい平和への権利48のQ＆A』（合同出版、二〇一四年）

無防備地域宣言運動全国ネットワーク編『戦争をなくす！あなたの街から無防備地域宣言』（耕文社、二〇〇五年）

同『無防備平和条例は可能だ――国立市議会審議の記録』（耕文社、二〇〇七年）

『爽やかな平和の風にのって――尼崎市を非戦の街に――市民平和条例審議の全記録』（耕文社、二〇〇九年）

池上洋通・澤野義一・前田朗『無防備地域宣言で憲法9条のまちをつくる』（自治体研究社、二〇〇六年）

谷百合子編『無防備平和――札幌市民の挑戦』（高文研、二〇〇九年）

# 第6章　書評——平和・人権・民主主義

## 第一節　問われる平和主義

### 1　「昭和天皇平和主義者」イメージ偽造の手口を暴く

山田朗『昭和天皇の戦争』（岩波書店、二〇一七年）

山田は『昭和天皇の戦争指導』、『大元帥・昭和天皇』、『昭和天皇の軍事思想と戦略』において、隠された昭和天皇の思想と行動を解明し、『軍備拡張の近代史』、『近代日本軍事力の研究』で日本軍事史に新たな頁を加えた。『兵士たちの戦場』では「体験と記憶の歴史化」にも挑んでいる。

本書副題は「『昭和天皇実録』に残されたこと・消されたこと」である。二〇一四年に一般公開され、二〇一五年から出版開始となった『昭和天皇実録』全六〇巻について、何冊もの著作が出されてきたが、当局情報の横流しが少なくない。批判的に検討した著書もあるが、『実録』が大部であるため、総合的な検討はこれからである。山田は「昭和天皇の戦争」に絞って検証する。問題関心は、『実録』が何を収録し、何を収録しなかったかである。

「『実録』において書き残されたことは、疑いのない史実として継承されていく反面、そこで消されてしまったことは、無かったこと、不確実なこととして忘れ去られていく可能性が高い。」『平和主義者としての昭和天皇』というブラックジョークがすでに幅広く流布している。『実録』もそのイメージ強化に総力を注いでいる。山田は「大元帥としての天皇」について「国務と統帥の統合者」の局面と「政治・儀式」の局面に着目して、残されたことと、消されたことを確認していく。昭和天皇の戦争について、満州事変期、日中戦争期、張鼓峰事件と宣昌作戦、南進と開戦、そして敗戦に至るまで、『実録』の記述を点検していく。

結論として、「過度に『平和主義者』のイメージを残したこと、戦争・作戦への積極的な取り組みについては一次資料が存在し、それを『実録』編纂者が確認しているにもかかわらず、そのほとんどが消されたことは、大きな問題を残したといえよう」と述べる。

## 2　戦後民主主義をいかに乗り越えるか

権赫泰・車承棋／編『〈戦後〉の誕生——戦後日本と「朝鮮」の境界』
中野宣子／訳、中野敏男／解説（新泉社、二〇一七年）

〈戦後〉とは何か?

「平和と民主主義」という価値を内向的に共有し、閉じられた言語空間で自明的に語られるこの言葉は、何を忘却した自己意識の上に成立しているのか。〈戦後〉的価値観の危機は、〈他者〉の消去の上にそれが形成された過程にこそ本質的な問題がある。捨象の体系としての「戦後思想」そのものを鋭く問い直す課題がある。

日本の「戦後」は「朝鮮」の消去の上にある——このテーゼに導かれた七編の論考がこのテーゼを肉付けし、補強する。半世紀をかけて膨張してきた日本が、一九四五年の敗戦によって日本列島に縮小した。そのことの思想史的意味を本書は追及する。植民地の消去は地理的にも人間的にも文化的にも遂行される。大日本帝国の領土が消去され日本列島だけに焦点があてられる。

旧植民地出身者は排除され、大和民族・日本国籍の日本がつくりだされる。多民族社会化した文化は「純粋の日本文化」に洗練され直す。歴史も記憶も意識も将来展望もすべてこの位置から透視され、改変される。

権らは、丸山眞男政治学の批判的分析を通して、日本の政治風土を徹底的に問い直す。小松川事件を日本の文学者、在日の文学者、韓国のキリスト者たちがそれぞれの場でどのように受け止め、どのように対峙したかを比較検討することで、東アジアにおける日本の位置を再測量する。

中野敏男は、「八月革命説」にもかかわらず、戦時体制が継続して戦争責任が封印され、戦後革命と国際主義が自壊し、「方法としてのアジア」になだれ込んだ帰結として、民衆における植民地主義の清算が全くなされずに来た歴史をくっきりと提示する。

戦後は終わった。戦後民主主義は虚妄だった。戦後レジームからの脱却——何度となく語られながら、いまだ終わらない東アジアと日本の〈戦後〉の誕生の秘密を解明して初めて、その終わらせ方の議論が始まる。

本書は日本と朝鮮の関係に焦点を絞っているため、その意味では謙抑的な論考で成り立っている。巻末に付された解説（中野敏男）が、現代世界の動向全体の中に位置づけ直す試みをしているので、諸論文を再読する楽しみも増える。

なお本書は台湾、朝鮮等の植民地にしか言及がない。欲を言えば、アイヌモシリ、琉球／沖縄への視線もほしいところだ。

## 3 戦後日本の自画像の歪みを思い知らされる

権赫泰著（鄭栄桓訳）『平和なき「平和主義」——戦後日本の思想と運動』（法政大学出版局、二〇一六年）

ヘイト・デモ阻止のために川崎に出かけた往復の電車で読んだ。権赫泰・車承棋編『〈戦後〉の誕生』に引き続いて読んだが、いずれも必読書である。植民地を見ないと日本が見えない。二つの著作はこのテーゼを繰り返し明らかにする。一部は重複しているが、繰り返し読んで損はない。今後も繰り返し読むことになるのだから。

「朝鮮」に代表される植民地の歴史を隠蔽することによって戦後日本の思想と運動が成立した。個別の思想家の中に、というのではない。丸山眞男に代表されるが、戦後思想の中核に植民地の無視が貫かれている。植民地思想の柱を成した殖民学が一気に忘れ去られ、焦土の上に全く新たな戦後思想が立ち上がった。

しかし「戦後思想」には植民地主義への反省がないから、過去を引きずったままである。植民地主義の母斑が至る所に見えているのに、懸命に目を閉ざしてきたのだ。

善隣学生会館事件は、左翼にこそナショナリズムが貫かれていたことを露呈した。その後も長い間そのことを自覚せずに来た。

べ平連は「国境を超える思想」に挑戦した重要な運動であったが、肝心のところで国境の論理にひれふした。安直に国境を超えると唱えても、容易に実現できるわけではない。

私も、自称「民衆思想」の思想家が植民地主義に鈍感なことを指摘してきた。厳しく指摘し続けないと、私自身が無頓着なままに安住してしまう。

## 4　希いをこめた批判の声に

徐京植『日本リベラル派の頽落　徐京植評論集Ⅲ』（高文研、二〇一七年）

『植民地主義の暴力』、『詩の力――「東アジア」近代史の中で』に続く第三評論集である。徐は現代日本の政治・社会・文化を貫く植民地主義を批判的に検討してきたが、批判の矛先は反動的な歴史修正主義だけでなく、日本リベラル派にも向けられる。

戦後改革と日本国憲法の平和主義にもかかわらず、かつての侵略戦争と植民地支配への反省はほとんど忘却され、異様なまでに自己中心的な日本礼賛、愛国主義、排外主義、ヘイト・スピーチが蔓延する現実がある。日本列島にも朝鮮半島にも、植民地主義の残滓にとどまらず、むしろその戯画的な再生産が続く。徐の反知性主義との闘いは、ますます「孤立」を余儀なくされている。その最大の根源は日本植民地主義であるが、徐が取り上げるのは、むしろ「日本リベラル派」である。

日本軍「慰安婦」問題をはじめとする歴史的課題に正面から向き合うことを回避し、小手先のごまかしを繰り返し、事態を先送りしてきた「日本リベラル派」は、一九九〇年代からの四半世紀、変質と後退を重ねてきた。典型例が、アジア女性基金から日韓「合意」に至る破廉恥な遊泳術である。和田春樹という知性が抱える闇の深さは、思想や論理で把握し得る範疇から逸脱している。上野千鶴子、加藤典洋、花崎皋平という「知性」があっけなく崩れ去った現実を前に、徐はそれでも日本社会の応答を希いながら言葉を紡ぐ。

徐の主張のほとんどすべてに納得する私だが、徐の批判は私自身にも向けられている。十分な応答をしてきたとは言い難い。植民地主義者でありたくない私には、日本植民地主義との闘いが主要な課題であり続けている。私が編集した『「慰安婦」問題の現在』（三一書房、二〇一六年）には、徐に「日本知識人の覚醒を促す――和田春樹先生への手紙」を寄稿してもらった。

徐は、民衆思想を代表する花崎皋平に「あなたはどの場所に座っているのか？」と問う。私自身、尊敬すべき花崎の民衆思想の限界を指摘してきたが、乗り越えることができたわけではない。

## 5　歴史、責任、主体――東アジアにおける知識人の対話

徐京植・高橋哲哉『責任について――日本を問う二〇年の対話』（高文研、二〇一八年）

『私の西洋美術巡礼』、『半難民の位置から』、『植民地主義の暴力』、『日本リベラル派の頽落』の徐京植。『記憶のエチカ』、『戦後責任論』、『靖国問題』、『犠牲のシステム　福島・沖縄』の高橋哲哉。

日本軍性奴隷制（「慰安婦」問題）、戦後補償問題、「戦後五〇周年」をめぐる政治、九・一一と九・

一七後の世界と日本の激動、沖縄米軍基地をめぐる民衆の抵抗、フクシマ原発事故被災。四半世紀の東アジアにおける日本問題を、正面から問い続けてきた二人の対話である。

「Ⅰ　戦後民主主義という『メッキ』」において、応答責任から逃避した日本の二〇年を振り返り、高橋と加藤典洋との論争におけるナショナリズムと日本リベラル派の基本構制を抉りだす。女性国際戦犯法廷／NHK番組改ざん事件、教育基本法改正、靖国問題――感情の錬金術を論じることで、戦後民主主義の限界を的確に浮き彫りにする。

「Ⅱ　日本の『地金』」において、一九八九年の昭和天皇の死、天皇の戦争責任をめぐる軽薄な語りの意味を探り、「言論弾圧」と「空虚な主体」の実相をあぶりだす。小泉訪朝／日朝平壌宣言／日本人拉致問題、『前夜』創刊、朴裕河『和解のために』を振り返り、「共感的不安定」のレトリックに頽落の一因を見る。リベラル派の頽落は『帝国の慰安婦』現象において絶頂に達する。

「Ⅲ　『犠牲のシステム』と植民地主義」において、この国の「犠牲のシステム」とは何かを「フクシマ」と「福島」や、米軍基地引き取り論を通じて解き明かす。広島・長崎の経験にもかかわらず、核兵器を否定できない二重基準を指弾する。

「Ⅳ　『普遍主義』の暴力」では、植民地主義的思考が普遍主義的形態をとって現象することを、「日本的普遍主義とは何か」「象徴天皇制という地金」「虚構の平和主義」として論じる。

最後に高橋は「日毒」の消去という課題を提示し、徐は日本型全体主義の完成に言及する。「明治維新一五〇年」を騒ぎ立てる日本植民地主義との精神の闘いが続く。徹底して思想の徒でありながら、行動する知識人でもある二人の交流は東アジアにおける知識人の歴史的社会的責任に関する比類のないモデルとなるであろう。

## 6　近代日本の軍産学複合体を読み解く

山本義隆『近代日本一五〇年――科学技術総力戦体制の破綻』（岩波新書、二〇一八年）

『一六世紀文化革命』『福島の原発事故をめぐって』の著者である科学史家による日本近代科学技術論の決定版である。分厚い研究書ならともかく、新書一冊にこれだけの内容を盛り込めるのは著者ならではだろう。勉強になり、読み応えがある。

近代日本の国家主義と資本主義が大日本帝国の歴史の随所に刻まれていること、「帝国の学問」が植民地支配や戦争を支えていったこと、国内においては民衆に対する棄民政策となったことなど、一般論としてはよく知っているつもりだったが、山本はその一つひとつに具体的な証拠を提示し、エピソードもはさみ、読みやすく通史として構成している。力量に感嘆するしかない。

軍産複合体の出発点には幕末のテロリスト集団がいたことや、「女工哀史」の時代の「ウルトラ・ブラック企業」による産業革命の「成功」など、なるほど、の連続である。

安直な「これでわかる」本とは違い、西欧近代の科学技術史に対する透徹した科学史的認識を背景に、日本近代の道行きをフォローしている。星野芳郎や武谷三男の科学技術論は以前まじめに読んだが、その後は雑誌『日本の科学者』の諸論文に学ぶだけだった。一冊で通史を学べて良かった。

## 7 これからの軍事史研究のあり方

吉田裕『日本軍兵士――アジア・太平洋戦争の現実』（中公新書、二〇一七年）

アジア太平洋戦争を四つの時期に区分し、最後の「絶望的抗戦期」を中心に「死にゆく兵士たち」「身体から見た戦争」「無残な死、その歴史的背景」「深く刻まれた『戦争の傷跡』」を論述する。餓死、病死、海没死、自殺、処置という名の軍隊内殺人――日本軍兵士の死に方の異様さは、藤原彰の研究によって知られていたが、吉田はそれらを総合的に提示する。新書という限られた分量だが、最重要な事例や統計データも活用し、死の現場へ接近する。背後にある膨大な研究の蓄積が想像できる。

方法論的には戦争の全景からではなく、まずは兵士の目線、兵士の立場から実情を明らかにし、死んでゆく兵士の眼前に何があったのか、周囲の状況はどうだったのかを明らかにした上で、全体像に向かってゆく。日本軍の異様さを、一つひとつの事例を積み上げていく中で浮き彫りにしていく。帰納に始まり演繹を介してふたたび帰納へと往還する。マラリアと栄養失調、圧抵傷と水中爆発、自殺と自傷、兵士の虫歯、結核と私的制裁、ヒロポン、軍靴の履き心地、無鉄軍靴など思いがけない論点を次々と提示しながら、日本軍兵士が置かれた状況を総合的に認識、想像できるようにしている。戦争を知らない世代の歴史研究者として、軍事史研究のあり方を問い続けてきた研究者の到達点である。

## 8　崩壊する「戦後の国体」と、可能性としての「民衆の力」

白井聡『国体論――菊と星条旗』（集英社新書、二〇一八年）

『永続敗戦論』の白井による刺激的な近現代日本論であり、現代世界論への鋭いコミットメントである。

近現代日本には二つの国体があった。一つ目は明治維新から八・一五の敗戦に至った「国体」であるが、二つめは敗戦後のアメリカ占領、戦後改革の中で天皇からアメリカにスライドした「戦後民主主義」「戦後平和主義」の日本の「国体」――日米安保条約を基軸とし、絶対化した、親米日本の国体である。

白井は二つの国体の概念整理をし、問題意識を提示した上で、第一の国体の形成過程を提示し、続いて第二の国体の形成を追いかける。同様に二つの国体の相対的安定期と崩壊期を分析し、現在の国体もまた崩壊の危機のさなかにありながら、ゾンビのごとく継続している不思議さに迫る。

近現代日本の歴史の一コマ一コマをどのように位置づけ、どのように読み解くかについては、多くの異論がありうるが、白井が提示する大枠の図式＝歴史認識の視座と思想を内在した図式——あえて図式的に語ることによって読者の理解を促している——には説得力があるだろう。憲法9条改悪、集団的自衛権、戦後レジーム、沖縄の米軍基地、TPPをはじめ、アベシンゾー政権が重ねてきた憲法無視の悪行の根因も見事に分析されている。

私たちがなぜここまで「愚か」になったのかを、これほど説得的に提示した本は珍しいだろう。愚かさの自覚を求める白井は、歴史の転換を実現するには「民衆の力」しかなく「民主主義とは、その力の発動に与えられた名前である」という。

その通りだが、いかにして「民衆の力」の発動を可能とするのか。その条件はすでに示されたのだから、あとは民衆の自覚と立ち上がりに期待するしかないのだが、その展望が日本社会にあるだろうか。そこまで白井に要求するのは、「予言者」たることを求めるようなものかもしれない。

## 9　新段階に突入した東京裁判研究

D・コーエン&戸谷由麻『東京裁判「神話」の解体』（ちくま新書、二〇一八年）

「東京裁判史観批判」が膨大に出版され、パルを名判事と持ち上げ、ウェブ裁判長を誹謗中傷してきた。東京裁判の基礎的理解すら怪しい上、判決を読んだかどうか疑われる水準である。日本の戦争犯罪を隠蔽し、消去することだけを目的として、身勝手な議論が幅をきかせてきた。

東京裁判、BC級裁判、ニュルンベルク裁判に通暁した二人の著者が、旧ユーゴスラヴィア国際法廷、ルワンダ国際法廷、国際刑事裁判所に至る国際刑法の発展も踏まえて、歴史的かつ現在的な課題として、東京裁判研究に新しい一歩を踏み出してみせる。背景には英語で出版された大著（The Tokyo War Crimes Tribunal: Law, History, and Jurisprudence）がある。コーエンはカリフォルニア大学バークレーの教授で国際法の大家、戸谷はハワイ大学教授の歴史家で、『東京裁判』『不確かな正義――BC級戦犯裁判の軌跡』の著者である。

コーエン&戸谷は、東京裁判に関する「神話」のうちパル、レーリンク、ウェブという三人の判事に対する評価を俎上に載せる。

「日本無罪論」で有名なパルは日本では素晴らしい国際法の大家として遇されている。しかし、パル判決を読めば、刑事法廷の判決と呼ぶに値しない粗野な政治論議が展開されているに過ぎない。コーエン&戸谷は、パルが「東京裁判」とは異なる「別の将来の法廷」のための判決としてイデオロギーに満ちた判決を書いた理由を探る。

一方、レーリンク判事も被告人のうち文官について無罪と判断したため日本ではきわめて評価が高い。コーエン&戸谷はレーリンク判決の中身に立ち入り、やはり国際法と刑事法の法理という点では合格点に達していないことを論証する。

他方、ウェブ裁判長については、被告人らを有罪とした「多数意見」の主として批判され、特に共同謀議論への批判が集中してきた。しかしウェブは「多数意見」とは異なる法理を有していた。法理としては異なるアプローチをしていたが、結論は多数意見と共通するため、ウェブは自分の判決草案を引き下げた。六〇〇頁を越える判決書草稿である。コーエン&戸谷はウェブ判決書草稿を取り上げ、内容を詳しく紹介する。そこではまさに刑事法廷の判決書として完備した体裁と内容の法律文書を見ることができる。パルやレーリンクと異なり、多数意見とも異なり、ウェブだけが本格的な法理論を適用した見事な刑事判決を起草したのだ。

若干の感想を記しておこう。第一に、本書は東京裁判に関する実証的かつ理論的研究である。英語の大著の一部をもとに新書として構成したもので、主題を絞り込んでいる。分析もシャープである。

第二に、ウェブ判決書草稿をもとに、判決形成過程の具体相を解明している。これにより東京裁判の総合的研究に一段階を画したものだ。

第三に、法律家と歴史家の共同研究の成果として、法理論と歴史の双方にわたって精密かつ説得的な議論が展開されている。

第四に、一九九〇年代の旧ユーゴスラヴィア国際法廷、ルワンダ国際法廷、国際刑事裁判所に始まる現在の国際刑法の飛躍的発展状況を踏まえて、現在の研究水準から東京裁判を検証するという国際的動向にも大きな前進となる。

著者の一人・戸谷には一度お目にかかったことがある。二〇一七年一二月二日、一橋の如水会館で開催されたラッセル法廷五〇周年シンポジウムに、戸谷も私も報告者として参加したからだ。その記録は『歴史評論』八二三号（二〇一八年一一月号）に掲載されている。

## 第二節　沖縄から見た日本問題

### 10　西欧の混迷とアジアの勃興の意味を解き明かす

進藤榮一『アメリカ帝国の終焉——勃興するアジアと多極化世界』（講談社現代新書、二〇一七年）

アメリカ外交研究と国際関係論の碩学が、これまでの研究を踏まえて集大成した現代世界論のエッセンスである。欧米の文化的経済的衰退と混迷、その象徴としてのアメリカ産業・製造業の衰退、これに対して中国などアジア世界の文化的経済的飛躍。西欧の没落とアジアの台頭という、わかりやすい図式は目新しくないが、改めてその意味を具体的に問う。

単にアジアが発展しているというだけではなく、ASEANが域内生産ネットワークの中心となり、その主導役が日本から中国に変わったこと、そして東アジアのトライアングル（日本、中国、ASEAN）とともに、南アジアのトライアングル（中国、インド、ASEAN）が形成されているという。経済生産、貿易量、資本投下その他各種の指標から言って、すでにアジアが世界の牽引車となりつつあり、今後その勢いは増すばかりだという。それゆえ「資本主義の終焉」ではなく「資本主義の蘇生」を語る。

グローバリゼーションがアメリカ中心の資本主義体制を支え、発展させたはずが、逆にアメリカの衰退とアジアの発展を帰結した理由を探り、そこから次を展望する。日米同盟一本やりの安倍外交の破綻は明らかであり、異なる道を模索する必要が説かれる。「天皇メッセージ」以来、沖縄を犠牲にし続けた日本の現在がよく見える。

## 11 日本を根底から問い直す

仲宗根勇・仲里効編『沖縄思想のラディックス』（未来社、二〇一七年）

一九三二年生まれの川満信一から一九六七年生まれの宮平真弥、一九六八年生まれの桃原一彦まで、世代の異なる六人の論者による、沖縄発の闘うメッセージである。編者二人はそれぞれ未来社から著書を出してきた。桃原一彦も知念ウシらと共著を二冊出している。六人の論者はそれぞれ見解が異なるが、基本線では状況認識と闘いの課題を共有している。

八重洋一郎「南西諸島防衛構想とは何か」では日本政治の欺瞞が批判の俎上に載せられる。沖縄の論者にとっては、何度言ったらわかるのか、いい加減こういう批判をしなくても良い時代にしたいとの思いが強いだろう。それでもなお力を込めて徹底批判しなくてはならない。

桃原一彦「『沖縄／大和』という境界」も、宮平真弥「ヘイトスピーチ解消法と沖縄人差別」も、大和が連綿と行使してきた植民地主義と差別の諸相をたどり直し、解決の手掛かりを求める。

三本の論考「島の政治的宴《うたげ》のあとで――沖縄・二〇一四年知事選後の新たな政治主体――「沖縄党」生成の可能性」「沖縄・辺野古――新しい民衆運動」「沖縄・全基地撤去へ渦巻く女性殺人等遺体遺棄事件の波動――辺野古新基地問題＝裁判上の『和解』後の闘い」も、軍事的抑圧と政治的差別と蔑視の総体を跳ね返すべく、思想を紡ぎ続ける。

日本政府だけではなく、日本社会も確信的沖縄差別と基地押しつけを恥じらうことなく推進しつつある。メディアにおける「沖縄へイト」はその主要な特徴だ。植民地主義を反省しない「日本」がむき出しの暴力と差別を加えている。この腐敗をどのように乗り越えていくのか。植民地主義者でありたくない者は仲宗根らの問題提起を真剣に受け止めなくてはならない。

## 12　琉球共和国宜野湾市から

里正三『琉球独立への視座――歴史を直視し未来を展望する』（榕樹書林、二〇一六年）

奥付に記載された出版社の住所は「琉球共和国宜野湾市宜野湾」である。

琉球民族独立総合研究学会に属し、学会誌にも琉球独立論を執筆した里による一冊である。大阪に生まれた里の祖母と叔母は加計呂麻島出身という。一九七五年に沖縄に移住し、市民運動、平和運動に参加してきた。

国連人種差別撤廃委員会は二〇一〇年四月、「沖縄における軍事基地の不均衡な集中は、住民の経済力、社会的及び文化的権利の享受に否定的な影響があるという現代的形式の差別に関する特別報告者の分析を改めて表明する」とし、二〇一四年九月には「日本が、その立場を見直し、琉球を先住民族として承認することを検討し、また彼らの権利を保護するための具体的な措置をとることを勧告する」とした。「琉球併合」前には国家を形成していたという点で、アイヌ民族よりもはるかに先住民族の権利を有する琉球列島の人々に対して、軍事植民地として継続するために「先住民族の権利」を認めない日米政府は「ならず者国家」であると主張する。

琉球王国に対する「琉球処分」の歴史や、現在に至る構造的沖縄差別を前に、うちなんちゅの自己決定権を実現するために、日米による軍事植民地からの脱却を目指す。そのための指針は国際人権法であり、人種差別撤廃条約であり、先住民族権利宣言である。目指すべき琉球社会は徹底した民主社会であり、「非武の邦」である。里は琉球独立論の背景としての世界経済認識や日本型システムの問題性も詳しく論じている。松島泰勝による琉球独立論（本書155頁）と併せて読むべき一冊だ。

## 13 沖縄のアイデンティティを／から問う

新垣毅『沖縄のアイデンティティ——「うちな～んちゅ」とは何者か』（高文研、二〇一八年）

前著『沖縄の自己決定権』がヴェテラン記者の筆致だったのに対して、文体が硬質なのは、一九九六年度の修士論文に加筆訂正を加えたものだからだろう。若き新垣毅の問題意識と理論がギシギシ緊張しあい、爆発の予兆をスパークさせながら、それでもじっと堪えながら、ここに詰め込まれている。

どこに着目するかは読者によってかなり違うかもしれない。私にとっては、なんと言っても復帰論と反復帰論の分析が参考になった。私にとって反復帰論は新川明の『反国家の兇区』だが、新垣は第二次大戦後の沖縄の歴史の中に復帰論と反復帰論を位置づけ直し、両者の関係の中に手がかりを見いだす。復帰論として大田昌秀、大城立裕、反復帰論として新川明、川満信一、岡本恵徳、中曽根勇が取り上げられる。新垣自身の理論枠組みはバリバールの「市民主体—生成」の概念だという。

以前、東京で開催した琉球／沖縄シンポジウムの時に、中野敏男（東京外国語大学名誉教授）に「継続する植民地主義」について話してもらった。中野は、議論の出発点で新川明にインタヴューをしたが、新川は当時、反国家に加えて、反植民地主義を考えていたという。なるほどと思う。復帰が、沖縄の国家への回帰を意味すると同時に、日本植民地主義への回帰（アメリカによる植民地主義から日本植民地主義への移行）を意味してしまう事態をいかに受け止めて、抵抗の理論化をするかが課題だったのだろう。

同じ課題を、いま新垣は辺野古基地建設や高江ヘリパッド問題を前に、自分に突きつけ読者に問いかける。自己決定権、脱植民地主義、先住民族、植民地解消法、ポジショナリティ、ヘイト・スピーチという用語は、かつて復帰論と反復帰論の時代には用いられていなかったが、問題構制に変わりはない。

「小手先で磨くな。これでどうだ」と、磨いていないダイヤモンドの原石をドンッとテーブルに置く新垣の闘いの書である。

## 第三節　歴史、記憶、そして未来

### 14 〈日本問題〉を浮き彫りにする

飛田雄一『心に刻み　石に刻む――在日コリアンと私』（三一書房、二〇一六年）

敬愛する活動家の一人、神戸学生青年センター館長の「生き字引」としての記録化作業の一つである。「在日朝鮮人問題」と呼ばれてきた〈日本問題〉を、歴史を遡行し、自らの運動体験を呼び戻しながら、繰り返し問い続ける。

飛田と私は五歳違いだ。飛田は神戸生まれで関西で活動してきた。私は札幌生まれで東京で活動してきた。同じ「在日朝鮮人問題」と言っても、重ならない。このため飛田の運動体験や交友関係について断片的にしか知らなかった。数々の著作で垣間見てきた世界のあちらこちら、そこここに飛田の姿があったことを知らされることになった。

第一章に掲載された講演記録「私の市民運動〝ことはじめ〟、そしてそれから」は何といってもおもしろい。市民運動の現場で闘い続けることは、こんなにも大変で、苦労が多く、憤怒と悲哀に満ちているのに、同時に楽しく、おもしろい。人間が人間としてぶつかり合い、行き交い、語り合い、飲み交わすからだ。その一端を本書に見ることができる。溢れる思い、ほとばしる感情を抑制しながら、思い起こし、綴ることで、飛田は〈日本〉を鮮やかに浮き彫りにする。第二章の武庫川河川敷問題は初めて知った。第三章の在日朝鮮人の法的地位論は情報としては古いが、それぞれの時期の議論を通じて改めて現在のありようを問うために収録されている。

飛田は旅行記が好きで、本書に続いて『旅行作家な気分』という著書を考えているという。私は『旅する平和学』の著者であるので、その分野でも飛田と出会えるかもしれない。

## 15 検証なき「マスメディア共同体」の検証

瀬川至朗『科学報道の真相——ジャーナリズムとマスメディア共同体』(ちくま新書、二〇一七年)

STAP細胞事件、福島第一原発事故、地球温暖化問題という三つの事例に関する科学報道の誤謬の実態を検証し、その構造的要因を探る本である。

STAP細胞事件では、理化学研究所や著名科学者や著名科学雑誌という「権威」に寄りかかって、あとはおもしろおかしくセンセーショナルに煽る報道がなぜ起きたのかをチェックする。福島第一原発事故報道でも「炉心溶融」が起きているのに、起きていないという政府と東電の願望をそのまま横流しする異様な報道がなされたが、同じ構造に起因するとみる。地球温暖化問題では、科学報道におけるバランスのとり方をめぐる意識の差異が顕著になる。

瀬川は、記者クラブに代表される取材体制や、新聞記事が形成される過程を振り返りながら、「マスメディア共同体」とも言うべき現状を検証する。そして、「客観報道」と「公平・中立報道」の問題点を考える。特に日本では「客観的に報道する」という「客観報道」が「権力者の主観をそのまま報道する」異様な主観報道に堕してきたことを確認する。科学報道だけではなく、報道全体に共通の問題性である。

終章で瀬川は「科学ジャーナリストは科学者とどう向きあうべきか」と問う。科学ジャーナリストが陥りがちな権威重視や業界内向けの姿勢にならないために、科学共同体についての認識を深め、特に現代の巨大化・組織化された、国家プロジェクトとしての科学の実態を的確に把握し、ジャーナリズムの意味を問い直し続けることが重要である。

瀬川はSTAP細胞事件の報道を検証したメディアがないことを繰り返し指摘する。検証なき「マスメディア共同体」が何をもたらすのか、批判的検証が不可欠である。

## 16 見たくなかった日本のレントゲン写真

中村一成『ルポ　思想としての朝鮮籍』（岩波書店、二〇一七年）

名著を読み終えた後しばらくは他の本が読めなくなる。読後感をまとめるのも難しい。頁をめくっては記述のあちこちを反芻し、時に感銘を受け直し、時に悩み、時に初読時に気づかなかった発見に気づくこともある。二〇一七年最初の名著に感謝したい。『ルポ　京都朝鮮学校襲撃事件』に続く本書は再読、三読を必然・義務と感じさせる。

「在日朝鮮人」とは何か――この問いに答えられる日本人はほんの一握りしかいないだろう。朝鮮植民地支配による日本籍の押し付け。強制連行その他の渡日の歴史。昭和天皇最後の勅令による有無を言わせぬ国籍剥奪。外国人登録法体制下の管理と抑圧。日本における民族教育の死守。南北分断による韓国籍と「朝鮮籍」。多数の人々の帰化と「朝鮮籍」へのこだわり――これらの歴史を思い起こすだけでも大変な知的営為を必要とする。人類史に、これと比すべき事例がほとんどないのだから。

まして「在日朝鮮人」は一般化不可能な「歴史体験」であり「個人体験」である。一人ひとりの「在日の暮らし」があり「体験」があり、そこで初めて成立した「思想」がある。襞の一つひとつを克明に記録する作業は、他の著者にはできないだろう。中村一成と書いて「なかむら・いるそん」と読む、この著者の体験と思いを抜きに本書を理解することはできない。高史明、朴鐘鳴、鄭仁、朴正恵、李実根、金石範という、知名度の高い在日朝鮮人の体験史ではあるが、本書が独特の光を放つのは中村一成のまなざし、震え、危機感がじわりじわりと伝わってくるからだ。〈日本〉のレントゲン写真がこれほど鮮やかに提示されたことはないだろう。多くの日本人が見たくないレントゲン写真だ。

「『戦争放棄』を唱えつつ、一方の国家殺人『死刑』を支持、黙認し、『基本的人権の尊重』を言いながら、『元国民』である在日朝鮮人がその享有主体から排除されている現状を看過する。『平和国家』を口にする一方で米国の戦争に付き従う——。これらの欺瞞を多くの日本人はそれとして認識してきたか？　倫理と生活を切り離し、日常の安定を謳歌してきた結果が、数年来、吹き荒れるレイシズムであり、『戦後』という欺瞞を最悪の形で解消しようとする第二次安倍政権の誕生ではなかったか。」

ここから歩き始めるべきなのは、誰か。

## 17　原発に抗して生き抜く庶民とジャーナリスト

本田雅和『原発に抗う——『プロメテウスの罠』で問うたこと』（緑風出版、二〇一七年）

福島原発事故をどの視点からどのように語るか。政府の原子力政策をストレートに批判することも必要だし、東電の無責任体制を糾弾することも必要だ。避難者に対する政策や、復興の在り方を批判することも重要だ。メディアの責任も、御用学者の責任も、騙されていた私たちの責任も。実に多様なテーマがひしめいている。

本田は、原発事故と放射能被曝の恐怖の中で生き抜いて、闘っている市井の庶民に光を当てる。「第一章　希望の牧場」では、殺すべき牛を殺さずに育て続けている浪江町の希望の牧場の吉沢正巳の呻き声を、涙を、憤激を、伝える。吉沢とともに泣き、笑い、闘う人々の苦悩を伝える。人には語ることのできない体験と記憶がある。語れば語るほど見えなくなる襞がある。本田は吉沢の激しい転戦を追いかけ、研ぎ澄まされた感性を読者に伝えようとする。

「第二章　原発スローガン『明るい未来』」では、「原子力　明るい未来のエネルギー」というスローガンを考案した大沼勇治の「看板撤去」の訴えを掘り下げる。スローガンを考案した一二歳の少年・大沼は、原発事故の記憶と記録を残し、教訓とするため、スローガンを残すよう求めると同時に、「二六年目の訂正」として「原子力　破滅　未来のエネルギー」を打ち出す。自らを責めることから、本当の未来に向かって歩むことを学び、歩み始めた庶民の闘いがここにある。現場で生き抜く庶民に鍛えられたジャーナリストの報告である。

フクシマ事故によって人生を破壊された無数の人々の、ほんのわずかな例ではあるが、終わらないフクシマの悲劇の一断面を鮮やかに描き出す。

「エピローグ／追記／惜別」では、本田が「師」と仰ぐ高木仁三郎への想いが提示されている。一九八〇年代後半から高木に学んだ本田は、最後に高木の訃報記事を掲載している。これだけでは読者にきちんと伝わらないのではないかとも思うが、ここから高木に関心を持ち、調べる読者もいるかもしれない。

私はチェルノブイリ事故の後、高木の講演会に何度も足を運んだ。その後、脱原発運動にコミットしていなかったので、無責任な市民の一人にすぎなかった。三・一一の後に初めて自分のこととして考えるようになった。高木の市民科学者という提唱にも賛同できる。私たちはまだまだ高木に学び続けなければならない。

## 18 グローバル〝後〟の世界とは何か

的場昭弘『「革命」再考――資本主義後の世界を想う』（角川新書、二〇一七年）

マルクス学の第一人者にして、ユートピア論も展開してきた的場の最新刊である。「資本主義の危機は、勝利の美酒に酔ったときに始まった」と、グローバリゼーションに抗する世界的運動の状況を見ながら、世界史の謎に再度取り組む。トランプとサンダースの登場・対抗の意味を、抑圧された大衆の奮起に見る的場は、世界的に生じている極右と極左の対立や、難民とテロの現象や、経済的混乱も含めて、いまやグローバリゼーションを進めてきた資本主義の限界が迫っていると考え、これまでの価値観を新しい価値観が凌駕しようとしていると見る。

的場はプルードン、マルクス、アーレント、フュレ、パリ・コミューン、アナルコ・サンディカリズム、レーニン、トロツキー、スターリン、アルチュセール、リクール、ネグリらの言説をたどり直し、ロシア革命から一〇〇年の今、欧州、アメリカ、そして日本が直面している危機の性格に分け入り、「革命」の可能性を問う。

「革命という言葉が意味するのは、現に見えているものを変革するということではなく、見えないものをくみ取り、それを変えていくということです。およそこれまでの革命、そして革命家の思想というものは、まさにそうした目に見えないものをいかに理解し、変えるかであったといってもいいものでした。変化が簡単にわかるものは、実は革命でもなんでもなく、たんに現状の追認にすぎなかった場合が多かったわけです。」

帯にはマルクスの顔写真を背景に、MEGA（マルクス・エンゲルス全集）を手にする的場の写真が配置されている。マルクス学に生涯を賭けた的場にふさわしい。編集者のアイデアだろうが、かなり挑発的だ。的場とはかつて一年だけ同僚だったことがある私にはとても楽しい本だ。

## 19　自主規制メディアを卒業するには

斎藤貴男『国民のしつけ方』（インターナショナル新書、二〇一七年）

メディアと権力の関係が、権力による圧力以前にメディア側の自主規制や忖度によって特徴づけられる日本――何度も指摘されてきたことだが、改まるどころか、いっそうその度合いを深めてきたように見える。

森友・加計事件ではメディアも健闘している面があるが、世界一の発行部数を誇る読売新聞は報道機関というより、権力の広報誌と化してきた。イエロー・ジャーナリズムの本領発揮だ。報道の自由度七二位の日本の状況を検討した斎藤は、あなたも知らないうちにすり込まれている、と注意を喚起する。

一方にマスメディアの荒廃があり、他方にネット上の無秩序と野放図なデマがあり、信用も信頼も失われた現状で市民はどうするべきなのか。斎藤は調査報道と「番犬ジャーナリズム」とメディア・リテラシーを唱える。

新聞に対する軽減税率問題、記者クラブ問題、SLAPP訴訟にも触れつつ、「価値観宣言」を呼びかける。この種の議論はずいぶん長く続いているが、フリーのジャーナリスト、企業内ジャーナリスト、研究者によって、それぞれ主張に差異が生じることも知られたとおりである。圧倒的に社会に影響を与える企業内ジャーナリストが改革に動かないと状況の改善は見込めないが、フリーのジャーナリストや研究者や市民が声を上げ続けるしかない。

## 20　権力への抵抗の原理的考察

## 佐藤嘉幸『権力と抵抗――フーコー・ドゥルーズ・アルチュセール・デリダ』（人文書院、二〇〇八年）

一九七一年生まれの著者の、エティエンヌ・バリバールの下での博士号論文を出版したものだ。出版当時、購入したが難しくて読み通せなかった。だから次の著書『新自由主義と抵抗』は購入しなかった。

ところが佐藤嘉幸・田口卓臣『脱原発の哲学』（人文書院、二〇一六年）を読んで、感銘を受けたので「脱原発市民会議かながわ&ハーベストムーンLIVE二〇一七」の脱原発シンポジウムに佐藤嘉幸を招いた。

佐藤は『脱原発の哲学』の一端を披露してくれた。参加者にはとても好評だった。私が司会進行をしたが、三人の発言者のそれぞれが面白く、考えさせられるものだった。しかしいかんせん時間が足りなかった。佐藤が本調子になって喋るようになった時はすでに時間切れという結果となった。もっと聞きたいことがたくさんあったが、司会の力不足だ。企画そのものが最初から時間不足になる運命だった。佐藤には次の機会にぜひ再度話をしてもらいたいし、共著者の田口卓臣にも登壇してもらいたい（後にその企画も実現して、佐藤嘉幸・田口卓臣・前田朗・村田弘『「脱原発の哲学」は語る』読書人［電子出版］に結実した）。

というわけで今回、『権力と抵抗』に再チャレンジした。難しすぎて理解できないところも繰り返し目を通し、ともかく最後まで読むことが課題だ。

「第一部　場所論と経済論」では、主にフーコーとドゥルーズのテキストを読み解きながら、主体の服従化された様態の変容を追跡し、フーコーにおける抵抗を「自己への生成変化」、ドゥルーズにおける抵抗を「他なるものへの生成変化」と呼ぶ。権力への抵抗のための戦略としての主体の変容と単独性の構築――自らの内面に取り込んだ権力に、主体はいかにして抵抗しうるのか。

「第二部　構造の生成変化」では、主にアルチュセールとデリダのテキストを通じて、そしてラカン論への批判を通じて、社会構成体の生成変化の可能性を論じる。権力装置によって再生産される構造をいかにして変容しうるのか。「死の欲動」に関する論述には歯がたたなかったが、イデオロギー論と構造論は比較的飲み込みやすい。アルチュセールの偶然性唯物論の射程も。他方、デリダの政治的戦略は「贈与、赦し、歓待といった無抵抗の抵抗の実践」だという。「他者性の受け容れが、国家主権という残虐性のシステムを撹乱」するという。アルチュセールとデリダの社会的再生産に対する抵抗を、佐藤は「運命的なものへの抵抗」と呼ぶ。

ここに至るまでの佐藤のテキスト解読の徹底性、強靭さには驚かされる。「現在性の哲学」は主体と社会構成体の変容を必然化する。偶然性の彼方で偶然性を導入することで、必然となる抵抗の理論。

## 21 日本の行方、憂国の行方

鈴木邦男・白井聡『憂国論――戦後日本の欺瞞を撃つ』（祥伝社新書、二〇一七年）

「日本の政治に、未来はあるのか」――トランプ政権誕生以後、日本の対米追従はますます加速している。政府は国富を犠牲にしてまでも、自己保身を図っている。「堂々たる売国」である。一方、戦後の日本には真に国を憂えた人たちがいたという。三島由紀夫、野村秋介、そして数多の右翼・左翼の活動家たちだ。彼らはいかに日本を変えようとしたのか。売国がまかり通る今、彼らが活動をしていたころよりも、はるかに時代の空気が悪くなっている。

信念の政治活動家と気鋭の政治学者が、戦後の政治活動、天皇の生前退位、憲法改正、日本の政治の現在と未来について語り下ろした。

既に書評でも右翼左翼の激突、世代の異なる論客の対談として出ているようだが、鈴木は元右翼で、いまは右翼左翼の対立とは別次元の評論家と言った方が良い。

白井は一九七七年生まれで、七〇年の三島事件や七二年の連合赤軍事件を知らない。鈴木としてもこういう世代との対談は初めてだと言う。鈴木は体験を、白井は歴史を語る。前半は、白井が鈴木の体験や思想を問う質問が中心であり、その中で白井のコメントが随所に出てくるので、なかなかおもしろい。後半は、天皇と安倍首相の対立をどうみるか、自称保守は保守なのか、彼らはこの国をどうしようとしているのか、それ以前に彼らは人間をどう見ているのかを問う。

白井が「日本の政治に未来があるだろうか」問い、鈴木は「ないでしょう（爆笑）」と応じる。爆笑付きだが、二人の答えはこれに尽きる。安倍政権は「堂々たる売国」だからだという。なるほど。

白井の「どうやってナショナリズムを使いながらナショナリズムを超克していくか」との問いに、鈴木は「ナショナリズムを戦いながら、ナショナリズムを超えていくのが、日本の右翼の本懐でしょう」答える。

## 22 記憶と記録をいかに受け止め、分析するか

テッサ・モーリス－スズキ、玄武岩、植村隆著『「慰安婦」問題の境界を越えて――連合国軍兵士が見た戦時性暴力、各地にできた〈少女像〉、朝日新聞と植村元記者へのバッシング』（寿郎社、二〇一七年）

テッサ・モーリス－スズキ「アジア太平洋戦争における日本軍と連合国軍の『慰安婦』」は「慰安婦」の新たな側面に光を当てるとして、イギリス帝国戦争博物館、オーストラリア戦争記念館にある文書史料や証言史料から、連合国軍兵士の証言を多数紹介する。多くは戦争末期のインド、

中国、ビルマなど東南アジアにおける「慰安婦」とされた女性に関連する証言である。当時の兵士（証言者）やインタヴュアーには女性の権利への問題意識がないため、十分な史料と言えないが、戦時性暴力研究の資料として重要である。

玄武岩「『想起の空間』としての『慰安婦』少女像」は「平和の碑（少女像）」をめぐる記憶と表象をめぐる研究である。記憶と歴史、想起と忘却のメカニズムに即して、誰の記憶か、少女像のリアリティをどこに見るかを検討する。朴裕河『帝国の慰安婦』について、①多くの事実誤認がある、②朴裕河が「記憶」を論じながら歴史学において重視されている記憶論を踏まえていない、③方法が構築主義的でないこと等を指摘する。

植村隆「歴史修正主義と闘うジャーナリストの報告」は、メディアからのバッシング、「北星大学事件」の当事者としての闘いの状況を報告している。

最後に三人によるディスカッションが行われている。玄はここでも朴裕河『帝国の慰安婦』の評価に言及し、「私は、基本的には朴裕河の試みは意味はあるものだと考えています」として、抵抗ナショナリズムとは異なる局面を見ようとする点で評価する。

ただ、朴裕河が森崎和江を安易に引用していると批判する。朴裕河の思想と森崎和江の思想は「相容れない」からである。国家を前提にする朴裕河の「和解」と、民衆次元における独自の出会いを求めた森崎和江とは、決定的に異なる。

玄の議論は理解できる面もあるが、重要な点で疑問が残る。第一に、テッサ・モーリス－スズキの報告の後であるにもかかわらず、玄は「慰安婦」問題を日韓の問題に閉ざし、その他のアジアを切り捨てる。第二に、玄は「慰安婦」問題を記憶や抵抗ナショナリズムのレベルで論じる。国際社会において女性に対する暴力の議論が行われていることを射程に入れていない。

記憶をめぐる言説の危うさについて、もう少し考えておきたい。

玄は、朴裕河が「記憶」を論じながら歴史学において重視されている記憶論を踏まえていないと指摘する。正当だが、私自身は「歴史学において重視されている記憶論」そのものに危うさを感じている。

ナチスのユダヤ人虐殺をはじめ世界各地のジェノサイドや人道に対する罪の歴史に関して「記憶」の重要性が浮上し、「記憶」をめぐる研究が深められてきた。「記憶」をめぐる研究は重要であるし、近年の発展は歓迎すべきことである。しかし記憶をめぐる言説の中には、容認し得ないものが目立つ。

第一に、「慰安婦」問題を一九九〇年代に議論し始めた時、私たちはそれを「歴史」「過去」「記憶」のこととして取り組んだのではない。五〇年の沈黙を破って被害者＝サバイバーたちが体験を語り出した時、現在も続く戦時性暴力、女性に対する暴力をいかに止めるかという現在の実践のフィールドで受け止めたのだ。「被害当事者の体験と記憶の現在性」こそが「不処罰を終わらせる」ための起爆剤だった。国連人権委員会で、同時代の女性に対する暴力や戦時性奴隷制の問題として、一九九〇年代前半の旧ユーゴスラヴィアやルワンダの事態とともに「慰安婦」問題が議論の対象となった。このことを軽視して、歴史、過去、記憶の文脈で議論する傾向が強まっている。「歴史主義的記憶論」とでも名付けられるような議論には疑問を付すしかない。

「慰安婦」問題は日韓問題ではない。日本人女性も含めたアジアの女性に対する人権侵害問題であり、世界の女性の人権問題である。これまでに何十回と指摘してきたことだが、このことを無視して、何が何でも日韓問題にしたがる一部の論者がいる。日韓問題にすることで他の諸国・諸地域への視線を閉ざし、政治対立問題にすることによって「国家間の政治問題」だけに限定しようとする。記憶をめぐる言説にはこうした傾向が強い。

第二に、誰の記憶かという問題がある。玄もこの点は正当に指摘しているが、「慰安婦」問題で言えば、被害者＝サバイバーの記憶の他に、当時の関与者たちの記憶があり、日本軍兵士の記憶があり、現在の各国の社会・政治意識における記憶がある。さまざまなアクターが登場しうる。このため、さまざまな主体を登場させることによって、「記憶の相対化」が図られる。そこから果てしない「記憶をめぐる争い」が始まる。記憶する者と、記憶される者の落差が利用される。研究主体の介入により、いくらでも追加登記の可能な局面では、当事者の体験は記憶の森の中で操作可能な情報の一つに転化されてしまう。

第三に、記憶に限定した議論は、責任の排除につながる。歴史や記憶を明らかにするには責任という倫理的要素を導入するべきではないと主張される。「もっとも形式的な実証主義」に閉ざされた議論が厳密な学問を装う。ドイツの「記憶・責任・未来」基金が重要な役割を果たしたにもかかわらず、研究者の記憶論は責任不在、それどころか責任排除の記憶論になりがちである。

## 23 迷路の彼方の希望

中野敏男・板垣竜太・金昌禄・岡本有佳・金富子 編『「慰安婦」問題と未来への責任——日韓「合意」に抗して』（大月書店、二〇一七年）

日韓「合意」の二年目に韓国政府による検証が公表された。被害者の意向を無視して拙速に「合意」がなされ、加害者の日本が被害国側に「義務」を押し付ける偏頗な「合意」であったこと、当時公表されなかった「裏合意」があったことが明らかにされた。国際法に反する内容であり、被害者中心アプローチは無視されているが、韓国政府が「合意」してしまった事実は変えられない。朴槿恵政権の無責任が重くのしかかる。

「日韓『合意』に抗して」との副題の本書は検証公表以前に出版されたが、「被害者の声を受けとめる」ことと「未来への責任」を正面から問うことを課題にしているので、射程が広く、検証公表の機に適った必読の書である。

「序章　日本軍『慰安婦』問題でなお問われていること──『終わらせる合意』に抗して」において、中野は被害者も加害者も消去してしまうトリッキーな「日韓」合意の異様な限界を指摘し、沈黙を破って戦い続けた被害者の主体形成の過程に着目する。被害者も加害者も消去する手法は、アジア女性基金、NHK番組改ざん、日韓「合意」、朴裕河『帝国の慰安婦』を貫く〈歴史修正主義〉である。「慰安婦」問題は終わらない。私たちは「未来への責任」を引き受けることから歩き直さなければならない。

著者たちが差し出し、引き受ける課題は、四半世紀を超えた「慰安婦」問題解決を求める運動がつねに向き合ってきたにもかかわらず、つねに権力的に妨害されてきた課題でもある。他者の奴隷化と戦時性暴力の歴史を終わらせる世界史的課題と直接リンクする課題の困難さを改めて痛感しながら、私たちは知性と感性を総動員して自らの立ち位置を再確認していく必要がある。

激しく揺れ動く現代史を見据えながら、〈私たちは何者でありたいのか〉を問うこと──それは一つの問いではなく、無数の問いにより迷路のごとく組み立てられている。

私たちは迷路を素早く通り抜けてはならない。数々の論点に多面的多角的に照射することで迷路の片隅までたどり、反芻し、時に悩み、時に身を震わせながら、たしかな連帯と希望の歩みを提示する著作にじっくり学ぶ必要がある。

編者たちは二〇一六年三月二八日に東京大学で開催された研究集会の主催関係者である。朴裕河支持派五〇名と批判派五〇名の研究者が参加して、討論した。編者たちはその記録の出版を提案したが、消極論者によって拒否された。

ところが朴裕河支持派にして出版消極論者はその後突如として、浅野豊美・小倉紀蔵・西成彦編著『対話のために――「帝国の慰安婦」という問いをひらく』（クレイン）を出版した。タイトルにもかかわらず、反対論者を侮辱することだけを目的とした言葉が山積みになっており、「対話拒否のために」出版されたとしか考えられない（前田朗『ヘイト・スピーチ法研究原論』第三章参照）。徐京植が批判する「頽落した日本リベラル派」とはこのようなものだろう。私なりの表現をすれば、「植民地主義を自覚できない、善意のつもりの植民地主義者」である。

未来への責任を常に問い続ける所作が迷路の彼方の希望を紡ぎ出す。

## 24　私にできるのは質問し続けること

望月衣塑子『新聞記者』（角川新書、二〇一七年）

「空気を読まず、出すぎる杭になる。私にできるのはわかるまで質問すること」。

武器輸出問題を地道に追いかける記者だと思っていたら、菅官房長官の記者会見における見事な質問の連続で脚光を浴びた。いまや日本一有名な新聞記者だ。

女優をめざした少女時代のエピソードから、新聞記者志望に変わってからの学生時代、留学時代を経て、待望の新聞記者としての人生を自ら語る。

東京新聞の千葉、神奈川、埼玉の各県警や、東京地検特捜部を担当し、日本歯科医師連盟事件、防衛省武器輸出問題、森友学園問題などで市民のためのジャーナリストとしての自分自身を振り返る。失敗談あり、スクープあり、悩みあり、両親の死、自身の病気・ストレスあり、それでも望月は駆け続ける。「質問しない多くの新聞記者」と違って。

「私は特別なことはしていない。権力者が隠したいと思うことを明るみに出す。そのために、情熱をもって取材対象にあたる。記者として持ち続けてきたテーマは変わらない。これからも、おかしいと感じたことに対して質問を繰り返し、相手にしつこいといわれ、嫌悪感を覚えられても食い下がって、ジグソーパズルのようにひとつずつ疑問を埋めていきたい。」

二〇一九年、映画『新聞記者』（監督・藤井道人、主演シム・ウンギョン、松坂桃李）が日本政治を撃ち抜いた。

## 25　フェミニズムはどこへ行ったのか

河野貴代美（対談：岡野八代）『わたしを生きる知恵――八〇歳のフェミニストカウンセラーからあなたへ』（三一書房、二〇一八年）

フェミニズムが輝いていた時代があった（ような気がする）。一九七〇〜八〇年代だろうか。「残念なことに一九六〇年代後半から八〇年代にかけて世界中を席巻したフェミニズムは、多くの誤解を受け、その内容やメッセージが後の世代の女性たちに正確に届いていないように思います」とされる。

一九六八年にアメリカでフェミニズム、フェミニズムカウンセリングに出会い、その後、日本にフェミニズムカウンセリングを広めた実践家にして理論家の河野と、一九六七年に生まれた政治学者の岡野の共著である。半分は河野と岡野の対談。残りの半分が河野のエッセイから成る。「対談・個人史を語る」は、河野と岡野がそれぞれ母親との関係の中で育ち、学び、悩んだことから始まる。フェミニズムとの出会いがあり、フェミニストカウンセリングや政治思想研究につながっていく過程が語られる。母と娘の間の愛情と葛藤について本書は繰り返し立ち戻ることになる。

「あなたはあなたであってよい」「個人的なことは政治的なこと」「自分に正直であること」―

―フェミニズムの主張として有名なスローガンの意味と意義が、あの時代を生きた河野によって平明に語られる。なぜこれらのスローガンが当時フェミニズムの核心として打ち出されたのか、が浮き上がる。男たちはなぜこうした当たり前のことを掲げなかったのか。掲げる必要がなかったのか。

二人は「フェミニズムの衰退・断絶をめぐって」について語る。七〇～八〇年代に活動した団体の解散、「女性学」「ジェンダー学」という「学問」になってしまったこと（フェミニストカウンセリングも「学会」になっていった）、社会構造を問う思想と運動として展開しきれなかったこと、一九八五年の男女雇用機会均等法による「女性貧困元年」、「自己責任」論へのすり替えなど、さまざまな理由が検討される。

フェミニズムに対するバックラッシュは世界でも日本でも起きた。日本では九〇年代後半以後のフェミニズム叩きや、男女共同参画に対する反発である。フェミニズムやジェンダーという言葉への猛烈な反発も記憶に新しい。

女性の権利は、男女共同参画社会基本法（一九九九年）、児童買春・ポルノ禁止法（二〇〇〇年）、ストーカー規制法（二〇〇〇年）、DV防止法（二〇〇一年）、子ども・子育て支援法（二〇一二年）、職業生活の女性活躍推進法（二〇一五年）、政治分野の男女共同参画推進法（二〇一八年）のように前進を続けたが、各論の議論はできてもフェミニズムそのものが脚光を浴びることがない。セクハラ問題への反応を見ても、男性支配と男性中心主義の壁の高さには驚くべきものがある。

そこでフェミニズムの「個人主義」の問い直しが図られる。男性中心主義の「個人主義」への批判と、もう一つの「個人主義」に着目する。日本国憲法一二四条にも個人主義は含まれているが、そこでは「一人一人が全体である」。

「私を育ててくれた人、その人の記憶や経験もまた、私の一部を形づくっている、その記憶を含め私は私だ、誰にもそれを奪われない、という主張です」。「社会関係の中に自分をおき直してみることで、新しい自分と出会い直す」。

「自分とは違う人との出会いは人を豊かにしてくれます。その体験を受け止めて味わい、あるいは乗り越えて、さらに多様な人々との関係に向けて自分を開いていくような考え方や手法が、いま、とくに必要とされているのではないでしょうか。」

河野貴代美、岡野八代、そして編集の杉村和美という三人の女性がそっと差し出した本書は、「行方不明」のフェミニズムがこの世界の至る所に息づき、世界を変えつつあることを教えてくれる。その道はなお遠く、曲がりくねり、いくつもの山を越え、幾度も壁にぶつからなくてはならないが、女性たちの暮らしの現場から常に立ち上がる思想としてのフェミニズムが無数に飛躍の時を待っている。

## 26 滂沱《ぼうだ》、呻吟《しんぎん》、そして証言を聞くこと

キム・スム『ひとり』（三一書房、二〇一八年）

韓国で現代文学賞、大山文学賞、李箱文学賞を受賞した作家、キム・スムの長編小説である。破壊され、打ちのめされた、終わることのない日本軍慰安婦の痛み。その最後の「ひとり」から小説は始まる。

自分が完全にひとりだと感じる彼女は、自分の外から自分を見つめてみたい、と思う。外から見ると地球が全く違って見えるように、自分も違って見えるだろうか。自分の悲しい体験、自分のいとおしい記憶、自分の秘められた歩みを、もう一度、ふたたび、くりかえし、辿り直し、生き直し、必ずもう一度女に生まれたい。台無しになった人生を、自分の苦痛をどんな言葉で説明できるだろうか。「私は慰安婦じゃない」。

カササギの生きている死体。死んだ蛾に群がる蟻。うごめくカワニナの幻影。玉ねぎの網に捕らわれた子猫。鶏の砂肝ほどに縮みあがった子宮。猫が蛙に覆い被さる。プンギル！　死ななかった一三歳のプンギル。

私は、歴史研究における記憶論についての若干の疑問を記したことがある。記憶のあやうさと記憶分析のあやうさの双方の指摘だった（本書240頁以下）。この考えは現在いっそう強くなって

いる。もちろん記憶をめぐる研究は重要である。体験、出来事、記憶、証言、再構築……歴史が積み重ねられ、再構成される。その作業は不可欠である。

しかし記憶論にはいくつもの陥穽がある。記憶し、記録を残し、記憶を語る当事者の心的営みと別次元で、研究者が発掘し、取材し、分析する記憶論の限界である。「慰安婦」問題で顕著なように、記憶論の実態は「ハルモニから主体性を剥奪すること」に転落している。

研究者が「学問の自由」を振りかざし、「フェミニズム」と称しながら、実は「尊厳を求めて立ち上がった主体」を「客体」に封じ込める。学問化したフェイク・フェミニズムは研究者の特権を「学問の自由」とはき違える。性奴隷制被害者の尊厳回復の闘いは、研究の客体に押しとどめられる。証言が無残に切り取られ、記憶が泥の海に埋め込まれる——こうした研究が跋扈していないか。

キム・スムは小説という文学形式において、この問いに全面的な回答を与える。「暴力的な歴史の渦の中でひとりの人間が引き受けねばならなかった苦痛」を主題とし、「その苦痛を『慈悲の心』という崇高で美しい徳に昇華させた、小さく偉大な魂」に作家自らのすべてを委ねる。被害者の証言録を渉猟し、「私のハルモニの代わりに、あの地獄に行ってこられた」被害者の証言に耳を傾け、記憶を記憶のままに記憶し直し、小説的方法によって息を吹き込み、不安も恐怖も苦痛も、夢も願いも喜びも、すべてを編み直し、読者に手渡す。末尾に記載された三一三個に及ぶ註の一つひとつが暗黒と絶望と恥辱と侮蔑と暴力の時代を撃ち抜く。「慰安婦」被害者がたったひとり、最後の被害者が、この恐ろしい世界に気づきながら、一三歳の自分に還る時、再び自分に出会う時……

証言を聞くこととは、私がキム・スムになることである。

## 27 フクシマ原発事故の真相に迫る

海渡雄一『東電刑事裁判で明らかになったこと』（彩流社、二〇一八年）

三・一一直後から「想定外の事故」と喧伝されたが、事実は正反対であり、大ウソだったと言う海渡は、東電の元役員三名（勝俣恒久、武黒一郎、武藤栄）が被告人となっている刑事裁判を追跡する。

東京地検は日産のゴーンを逮捕したが、そんな暇があれば、勝俣、武黒、武藤を逮捕すべきだ。ゴーンの行為が犯罪だとしても逮捕容疑は「形式犯」にすぎない。被害があったとしても財産被害に過ぎない。東電の犯罪は多くの人々の命を奪い、自殺に追い込み、暮らしを破壊した。どちらが深刻重大な犯罪なのか。

東京地検は勝俣らを逮捕せず、起訴もせず、巨悪を見逃した。巨悪のお仲間だからだろう。これに対して海渡らが刑事告訴し、不起訴決定に対して検察審査会に持ち込み、ついに起訴強制となり、刑事裁判が続いている。海渡は現在進行中の刑事法廷で明らかになった新証拠を紹介・分析し、「予見・回避可能だった原発事故はなぜ起きたか」を解明する。

原発事故を回避することは容易であった。東電内部でもそのための議論が行われていた。これを覆したのは、ひたすらおカネのためだった。その結果、膨大な土地に人間が住めなくなり、人々の暮らしが奪われた。政府事故調や国会事故調の後、閉ざされようとした真相解明の努力が続けられている。その成果が本書である。

## 28 「一九六八年の思想」を読み直す

鈴木道彦『私の一九六八年』(閏月社、二〇一八年)

二〇一八年一一月にスペースたんぽぽ(東京・水道橋)で一九六八年の思想を再び解読し直すための講演会が開かれた。講演は『抵抗への招待』、『応答する力』、『主権のかなたで』の鵜飼哲だ。二〇一八年の無残な日本で一九六八年を問い返すことは、いかなる意味を有するのか。いかなる不可能性に遮られているのか。そのことを鵜飼は繰り返し語った。その中で鵜飼が鈴木道彦に言及したので読むことにした。

一九六八年に中学生だった鵜飼や私の世代は運動の現場に立ち会ったとはいえない。ほんの数年の違いで当事者ではありえなかった。事後に書籍で追体験するしかなかった。一九七〇年前後の激動の一端をTVニュースで見たが、矮小化されたニュースでもあった。思想史的に振り返るべき何物もなかった。運動の現場を知らないことは、思想の表層を追体験するしかできないことでもあった。

それでも理解できることはある。運動の現場にいた者が本当にその思想的意味を理解・把握したわけではないことは、その後数多く出版された著作、回想録、記録集から読み取ることができる。現場は大切だが、現場にいても見えないこと、現場にいるからこそ見落としていることもある。ほんの一断面を絶対化することもあるだろう。

鈴木道彦『アンガージュマンの思想』（晶文社、一九六九年）を私は学生時代に図書館で読んだ。たぶん一九七五〜七六年だ。鈴木道彦『政治暴力と想像力』（現代評論社、一九七〇年）は記憶にない。大江健三郎、小田実、鶴見俊輔などをよく読んだ時期に、『アンガージュマンの思想』を読んだが、どれだけ理解し得たかはわからない。

何よりも重要なこととして鈴木から学んだことが植民地主義批判であった。ファノンを読んだのもこの時期だ。その後の私の読書体験、人権運動、そして刑事法研究を貫く重要モチーフとなった。

他方で高校の先輩に小説家の李恢成がいたことから、李の小説やエッセイをかなり読んだ。大学生となった年に『北であれ南であれわが祖国』が出版され、すぐに読んだ。金大中拉致事件の時には日比谷公園での抗議集会の片隅でチラシを懸命に読んでいた。在日朝鮮人に知友のない私が頭の中だけで「在日朝鮮人の人権」問題を考えていた。人権運動に取り組むようになったのは一九八〇年代後半からだ。植民地主義批判を自分の頭で考えるようになったのもそれ以後だが、鈴木道彦や小田実をはじめとする一連の思索には触れていた。

一九二九年生れの鈴木は全共闘世代ではなく、大学の教員、知識人の一人として時代に向き合っていた。羽田闘争、べ平連、金嬉老事件を経験し、パリに渡るや五月革命に遭遇する。東京とパリをつなぐ思想的課題の中心に植民地主義批判があった。ヴェトナム、アルジェリア、朝鮮をベースに歴史と社会を捉え返すならば、東京という町で日本の若者がいかに生きるべきかも違って見えたことだろう。

鈴木の著作を読んでいなければ、その後の一九六八年に関する凡百の回想記（実際は一九六八年否定の思想か、単なるナツメロ）を真に受けていたかもしれない。多くの回想記が植民地主義問題を見事に欠落させている。落第レポートの集大成がベストセラーになってしまうのがこの国だ。だが鈴木の思考に触れることで、植民地主義批判、人種主義批判の課題に日本の知識人がいかに取り組んでいたかを再認識することができた。

尊敬すべき思想家の中にも植民地主義問題では認識の甘さを露呈する例が少なくない。鶴見俊輔や花崎皋平がその例だろうと私は考える。大日本帝国と現在の日本の近現代史を総合的に把握するためには避けて通れないはずの問題を素通りしてきた知識人も少なくない。五〇年とは長い歳月であり、短い歳月である。一九六八年から二〇一八年にかけて、私たちはどれだけの前進をなしえたのか。どれだけの思想的頽廃に塗れることになってしまったのか。

# あとがき

## 再入門シリーズ

本書は、『刑事法再入門』、『パロディのパロディ——井上ひさし再入門』、『500冊の死刑——死刑廃止再入門』に続く私の〈再入門シリーズ〉の四冊目に当たります。

また平和憲法・平和主義としては『平和のための裁判』、『市民の平和力を鍛える』、『軍隊のない国家』、『9条を生きる』、『旅する平和学』に続く六冊目の単著です。

既発表の論文やブログ記事を再編集しましたが、その作業は二〇二〇年二月から四月にかけて、新型コロナウイルスで日本が騒然としている時期でした。三月には国連人権理事会に参加するためにジュネーヴ（スイス）に滞在しましたが、飛行機が飛ばなくなると困るので予定を早めて帰国しました。

このため二週間の外出自粛を余儀なくされました。期日が明けたと思った時に政府による「緊急事態宣言」が発出されたため、長期の外出自粛の日々が続きました。勤務先の新学期の授業開始が大幅に遅れ、自宅待機が続いたおかげで原稿整理作業は当初予定よりも早く進行しました。

## 新型コロナ緊急事態宣言

新型コロナへの対応は、日本政府の特質を如実に浮き彫りにしました。まず、虚妄の検疫体制を指摘しておきましょう。

三月にジュネーヴ開催の国連人権理事会に参加しましたが、ＷＨＯのパンデミック発言とアメリカの非常事態宣言のため、一気に情勢が変わりました。フライトが次々とキャンセルになったため、帰国を前倒しにし、三月二〇日のフライトで帰国しました（以後、外出自粛）。

ジュネーヴ空港は新型コロナ対策のため警備が厳しく、その日の航空券を持っていないと建物に入れません。中には人がほとんどいなくて閑散としていました。フライト掲示板に「ロンドン行きキャンセル」「ローマ行きキャンセル」と、ずらりキャンセル表示が並んでいました。まるで映画で見たシーンです。

コペンハーゲン空港でも半分近くのフライトがキャンセルでした。売店もトイレも大半が閉鎖されていました。コーヒーを買ったところ、売店の一メートル手前までしか近寄れません。接近禁止です。現金もクレジットカードも受け渡し禁止です。カード用の端末が置いてあり、客が自分でカードを差し込んで暗証番号を押すと、店員が紙コップのコーヒーを二メートル先のテーブルに置いて、立ち去ります。人間の接触を最小限にしていました。

乗り換えたSK983ジャンボ機に客は僅か五〇人ほどでした。一見して大半が日本国籍です。三月二一日、成田空港に着陸しました。私の座席は最後尾の近くです。大半の客は私よりも前方の席なので、先に降りて行きました。検疫ブースに着いたので、私は「スイスからです」と名乗り出ましたが、他の客は一人もいません。検疫ブースを素通りして、すでに入国審査のほうに行っています。

私は検疫所にいた男性係官に「スイスからです」と報告しました。係官はスイスの地図を出して「どこに行きましたか」と聞くので、「ジュネーヴです。ティチーノには行っていません」。係官は地図でジュネーヴとティチーノを確認した上で、「はい、OKです」。それで私は入国審査に移動しました。この間一〇秒もかかっていません。その間に後ろの客も入国審査に行ったので、私より後ろに残ったのは西欧白人系とおぼしき家族連れ三人だけでした。

入国審査を通過して、預けた荷物のターンテーブルに行くと、約三〇人の客が自分の荷物が出てくるのを待っていました。私より先に荷物を取りに来ていました。誰一人検疫に寄っていません。そして荷物が流れて来るや、自分の荷物を取って帰って行きました。

私以外の客は誰一人検疫に寄っていないし、呼び止められてもいません。誰一人質問も受けていないし、どこから来たか申告もしていません。名前も聞かれず、「体調はどうですか」の質問もなく、体温測定もなし。もちろん申告書もなし。

三月二一日夜のNHKニュースで、成田空港の検疫体制を報じていました。驚いたことに、外国からの帰国者の検疫を実施していると言っていました。真っ赤な嘘です。成田空港では何もしていませんでした。

三月二二日の朝日新聞朝刊一面トップは「米国からの入国制限へ」でした。アメリカをレベル2としたので、アメリカから帰国した日本人についても入国規制し、二週間待機や公共交通機関利用を控えるよう要請するとして、記事には次のように書かれていました。

「日本はこれまでもレベル2に引き上げた国から、今回と同様の入国制限を順次導入。中国や韓国のほか、東欧の五カ国を除く欧州の全域とイラン、エジプトがすでに対象となっている。」

真っ赤な嘘です。当局発表をうのみにしただけです。今の朝日新聞に「ウラをとれ」などというのは過大な要求なのでしょうか。人々の安全がかかっているのだから事実を確認するべきです。なぜ現場を確認しないのでしょう。

新型コロナ対策について、欧米と日本は検査や対策の取り方が根本的に違います。欧米では徹底検査中でした。日本は「検査しない、検査させない基本方針」を貫きました。厚労省もNHKも「病院に行かないでください」と一カ月間アピールし続け、一般人が病院に行かないようにしました。病院は門前払い。検査できないようにしたのです。だから表向きは感染者数が少ないのですが、判明した感染者を発表しただけです。実際には感染したけど発症していない膨大な人がいるのに、数値に入れていません。どこに感染者がいるかわからない。隣にいるかもしれない。欧米では、どこに感染者がいるかを確認するために徹底検査しています。だから感染者数が急速に増えたのです。

三月二一日、成田空港ではレベル2以上の国・地域から来た入国者について何らチェックしませんでした。感染者がいても、どこへ行ったか分かりません。ノーチェックで入国させ、およそ管理していません。これが厚生労働省の実態です。人々の安全に責任を持つという意識が皆無です。

おまけに呆れたマスコミです。当局発表を確認せずに垂れ流す。NHKも各紙も、欧米において新型コロナが爆発的に増えていると一面的な報道に明け暮れ、実態を見ようとしません。日本社会に暮らす人々の安全を守る基本姿勢がありません。

## 恐怖支配の大規模演習

新型コロナは世界に「恐怖」をもたらしましたが、日本では「恐怖」ではなく「恐怖支配」が進められました。同じように見えて性質が違います。「恐怖」対策を行わないことによって「恐怖」を利用した「恐怖支配」が続いたからです。

ＰＣＲ検査を行って、どこにどのような感染者がいるか明らかにすれば、「自分は感染している、感染していない」がわかります。感染者は他人に感染させないよう気を付けることができます。感染者のいる地域を囲い込み、対処しなければなりません。感染者の出た家、空間、地域は「汚染地域」だから徹底除染が不可欠です。防疫の初歩知識があれば「面」の対処が必須とわかります。「線」の対処に偏った「濃厚接触者論」は事態を軽視しています。

日本政府は初歩的対策を否定し、早々に「検査しない、検査させない、汚染地域を特定しない方針」を決めました。「病院に来るな」「ＰＣＲ検査はできない」とキャンペーンを張って、誰が感染しているかわからない状態をつくり出しました。

すべての市民が「自分が感染しているかもしれない」、「人と会うと感染するかもしれない」、「目の前にいる人が感染しているかどうかがわからない」という状態が延々と続きました。

日本政府の基本方針は「集団免疫」の思考です。イギリスが初期に採用したのが、六〇％が感染すれば、みんなに抗体ができて自然に収まり解決するという集団免疫論でした。結果的に集団免疫が実現することはあります。しかし集団免疫論を政策として採用してはなりません。多数の死者をやむを得ないと切り捨てる悪魔の政策になるからです。

国会審議で安倍首相は「集団免疫の考えはとっていない」と明言しましたが、政府方針が集団免疫論とどう異なるか説明できませんでした。厚労省や各自治体が毎日、「感染者数」を発表し、マスコミはそれを報じましたがフェイクニュースです。

二月から三月前半にかけての政府対応の遅れはよく指摘されますが、四月になってもまともな対策が取られませんでした。初めての事態なので後手に回ったのはやむを得ない面もありますが、それで済む話ではないでしょう。「アベノマスク、三〇万円支援、安倍首相のくつろぎコラボレーション動画」という悪評三点セットが語られたように、緊急事態にもかかわらず、悪質な冗談しかない最悪の政府です。おまけにどさくさ紛れの黒川検事長問題です。

成田空港では、四月初頭まで帰国者を一カ所に集めて検査していました。欧州の空港の椅子は並んで座ることができないようにしていましたが、成田は大勢を一カ所に集めていたのです。感染せずに帰国した人間も成田で感染させられます。

横田基地から、米軍関係者が無検査のまま入国していました。外務省は止めようともしません。

これで感染予防ができるはずがありません。

検査しないから、どこに感染者がいるかわからない。隣にいるかもしれない。つねに恐れながら行動しなければならない。誰もが自分を疑い、他人を疑いながら行動しなければならない。緊急事態宣言による外出自粛は、市民に対して、すべての人間を疑え、相手は感染者ではないか、他人に近寄るな、という「訓練」です。

厚労省・感染症対策専門家会議が言っていたのは、「感染していない人は他人に感染させないように注意しなさい。感染者は他人に感染させられないように注意しなさい」という異常な話です。

安倍政権が意図したわけではないでしょうが、新型コロナによる「恐怖」に加えて、日本政府とマスコミによる「恐怖支配の大規模演習」が進行しました。緊急事態宣言に際して民主主義を語ったメルケル首相（ドイツ）と、語らなかった安倍首相の違いは、ここにあるのです。

## 恐怖と欠乏からの自由

新型コロナ禍は人類史レベル、世界レベルでの危機ですが、日本の場合は、政治の貧困により人権や民主主義を直撃しました。「恐怖と欠乏からの自由」を柱とする平和的生存権を台無しにしました。その意味では本書のテーマにも密接に関連します。

平和的生存権は単に戦争がないことを意味するのではありません。現代平和学は、戦争のような直接暴力だけではなく、構造的暴力や間接暴力にも目を向けてきました。貧困・飢餓・抑圧・差別・愚民政策などの構造的暴力が生じていれば、人々は平和のうちに生存しているとは言えません。

日本国憲法前文は「われらは、平和を維持し、専制と隷従、圧迫と偏狭を地上から永遠に除去しようと努めてゐる国際社会において、名誉ある地位を占めたいと思ふ。われらは、全世界の国民が、ひとしく恐怖と欠乏から免かれ、平和のうちに生存する権利を有することを確認する」としています。

前代未聞の伝染病による恐怖のただなかで、私たちは平和的生存権の真の意味を再考するように迫られています。このことを痛感しながら、本書を世に送り出します。

## 謝辞

本書執筆にあたって多くの方にお世話になりました（以下順不同、敬称略）。

平和への権利国際キャンペーンのカルロス・ビヤン・デュラン (Carlos Villán Durán)、ダヴィド・フェルナンデス・プヤナ (David Fernández Puyana)、クリストフ・バーベイ (Christophe Barbey)、ミコル・サビア (Micol Savia)。

韓国の民族問題研究所（所長・任軒永）の金敏詰、金英丸をはじめとするみなさん。

平和への権利国際キャンペーン日本実行委員会の笹本潤（弁護士）、高部優子（ビープロダクション代表取締役）、海部幸三（弁護士）、新倉修（青山学院大学名誉教授）、飯島滋明（名古屋学院大学教授）、

武藤達夫（関東学院大学教授）、本庄未佳（岩手大学准教授）、清水雅彦（日本体育大学教授）、清末愛砂（室蘭工業大学大学院准教授）、建石真公子（法政大学教授）。

私の国際活動を支えてくれる、日本民主法律家協会（理事長・右崎正博）、日本国際法律家協会（会長・大熊政一）、国際人権活動日本委員会（議長・鈴木亜英）、日本友和会（理事長・水戸潔）のみなさん。

いつもと同様にすべての原稿に目を通してくれた妻・弓恵に感謝します。

本書出版に当たって、東京造形大学教育研究助成金（二〇二〇年度）の助成を受けました。

二〇二〇年六月一一日

前田 朗（Maeda Akira）

1955 年、札幌生まれ。中央大学法学部、同大学院法学研究科を経て、現在、東京造形大学教授（専攻：刑事人権論、戦争犯罪論）。朝鮮大学校法律学科講師、日本民主法律家協会理事、NGO 国際人権活動日本委員会運営委員、救援連絡センター運営委員。

著書に『増補新版ヘイト・クライム』、『ヘイト・スピーチ法研究序説』、『ヘイト・スピーチ法研究原論』、『ヘイト・スピーチと地方自治体』、『なぜ、いまヘイト・スピーチなのか』［編］、『ヘイト・クライムと植民地主義』［編］、『思想はいまなにを語るべきか』［共著］（以上、三一書房）、『軍隊のない国家』（日本評論社）、『パロディのパロディ―井上ひさし再入門』（耕文社）、『旅する平和学』、『メディアと市民』、『思想の廃墟から』［共著］（以上、彩流社）等。

ウェブサイト：http://www.maeda-akira.net/
E-mail：maeda@zokei.ac.jp

**憲法 9 条再入門**
その理念と思想を生かすために

---

2020 年 7 月 15 日　　第 1 版 第 1 刷発行

著　者―― 前田 朗 © 2020 年
発行者―― 小番 伊佐夫
装丁組版― Salt Peanuts
印刷製本― 中央精版印刷
発行所―― 株式会社 三一書房
〒 101-0051
東京都千代田区神田神保町 3 − 1 − 6
☎ 03-6268-9714
振替 00190-3-708251
Mail: info@31shobo.com
URL: http://31shobo.com/

---

ISBN978-4-380-20004-5　C0036　　Printed in Japan
乱丁・落丁本はおとりかえいたします。
購入書店名を明記の上、三一書房まで。

## なぜ、いまヘイト・スピーチなのか——差別、暴力、脅迫、迫害

前田朗 編

A5判　219頁　13009-0

私たちが生きる日本社会を、悪意と暴力に満ちた社会にしないために——

「ヘイト・スピーチ」を克服する思想を鍛えるためのガイドブック！